绩镛论丛

黎 松 著

德性的“精神”气质

西南师范大学出版社
国家一级出版社 全国百佳图书出版单位

图书在版编目(CIP)数据

德性的“精神”气质 / 黎松著. — 重庆 : 西南师范大学出版社, 2019.12

(绩镛论丛)

ISBN 978-7-5697-0100-5

Ⅰ. ①德… Ⅱ. ①黎… Ⅲ. ①道德 – 研究 Ⅳ. ①B82

中国版本图书馆CIP数据核字(2019)第292176号

德性的“精神”气质

DEXING DE “JINGSHEN” QIZHI

黎　松　著

责任编辑： 于诗琦

责任校对： 张昊越

封面设计： 观止堂_未氓天

排　　版： 重庆大雅数码印刷有限公司·王兴

出版发行： 西南师范大学出版社

网址：http://www.xscbs.com

地址：重庆市北碚区天生路2号

市场营销部：023-68868624

邮编：400715

印　　刷： 重庆荟文印务有限公司

幅面尺寸： 160mm×235mm

印　　张： 13.5

字　　数： 240千字

版　　次： 2019年12月 第1版

印　　次： 2019年12月 第1次印刷

书　　号： ISBN 978-7-5697-0100-5

定　　价： 48.00元

目　录

前　言

德性作为一种内在优秀的道德品质，几千年来都得到许多哲学家、伦理学家、政治学家不断地阐述，德性也因之而成为构建人存在和发展的基本要素。翻阅这些浩如烟海的研究，可以发现德性研究的主要脉络和基本观点，在这些基本观点中，有的把德性理解为一种品质、力量，有的把德性理解为一种习惯和情感。结合当代德性研究的一些新特点，德性几乎都是依靠个人理性和情感的努力而在内心形成一种稳定的、优秀的道德品质。德性是否还有其他的理解和逻辑的生成方式？黑格尔的精神哲学或许能够为德性论的研究提供新的理解和范式。

一、选题缘由

德性是一个古老而经典的伦理学话题，从人类文明诞生之日起，不同的哲学家、伦理学家、政治学家、社会学家都对其进行过广泛而深刻的研究。时至今日，人们对于德性思想的研究仍然在继续，且在不断地深入和加强。德性似乎就成为人类存在的一个永恒的话题，也似乎是一个永远有待完成和永远有待阐述的问题。

历史上有许多种关于德性思想的研究，从整体而言，大致可以概括为这样五种基本的理解：第一种是把德性理解为一种优秀的品质。以物的功能来进行衡量，同时也包括做得好和活得好的品质。这主要以古希腊哲学家为主，尤其是亚里士多德派哲学对于德性的理解。亚里士多德在

《尼各马可伦理学》一书中将德性定义为使人完成得好和活得好的品质，内在地体现为一种功能性和目的性的内涵，在实践中表现为一种中道抉择的品质，同时还包括中国一些思想家把德性作为一种功能的理解。第二种是把德性理解为一种获得性的善的品质。这在西方主要以奥古斯丁和麦金泰尔等为主要的代表。具体而言，奥古斯丁认为德性是人的意志的品性，或者德性是由于人们训练、熏陶、学习而塑造成的意志的品性，把德性理解为不是原始的存在，而是通过学习获得的品性。麦金泰尔认为德性是一种基于内在利益的获得性的善的品质。第三种是把德性理解为一种习惯。托马斯·阿奎那认为德性就是一种习惯，是人通过习惯而获得的品质。哲学家笛卡尔认为德性就是心灵的习惯，人的良心、爱、尊重、勇敢等都是人的心灵活动的产物。第四种是把德性理解为一种力量和能力。具体而言，就是德性通过理性战胜人的感性偏好而产生的能力和力量，这主要以斯宾诺莎和康德为典型代表。斯宾诺莎认为德性就是力量，个人追求自己的存在和利益越多，就越具有德性。亨利·摩尔认为德性是一种理智的能力，而不是习惯，人借助于这种理智的辨析能力克制兽性的情欲冲动而具有德性。康德认为德性就是基于义务法则的力量或是基于意志的自我强制力。第五种把德性理解为一种情感，把德性与仁爱、同情、良心等同。这主要以情感主义伦理学家沙夫茨伯里、休谟和亚当·斯密为典型代表。沙夫茨伯里认为德性与仁爱是统一的，休谟将德性分为人为之德、社会之德、自然之德与个体之德，亚当·斯密认为德性的形成和表现特征与情感的发展结果是分不开的，德性就是情感的自制。

在这些关于德性定义及其思想的多样性的理解中，不同的哲学家、伦理学家会给予德性以不同的定义，且多数哲学家、伦理学家都把德性定义为一种内在的品质，品质指的是人的行为和思想所显示出来的内在品性和特征，这只表达出了德性的内在属性，对于德性的外在属性及其整体的含义并没有进行阐述。国内有两名学者著述了《德性论》，并试图对德性思想进行一个系统的把握。一本是江畅的《德性论》，一本是陈根法的《德性论》。前者将德性理解为一种使人能够更好生存的品质，或是基于人的认识、情感、意志所具有的稳定的心理定势。具体在阐述德性的内容时包括德性与恶性、德性与人格、德性与幸福、德性与智慧、德性与认识、德性与情感、德性与意志、德性与实践、德性与环境、德性与教育的内容。后者将德性主要理解为一种力量,内容包括德性的向善力、德性的审美力、德性的选择力、德性的意志力、德性的人格力、德性与经济、德性与法治、德性与文明、德性与人性、德性与幸福、德性与家庭等内容。

由此,本文的选题缘由一方面体现在许多年来德性并没有一个统一的定义和思想,不同的哲学家和伦理学家往往给予自己对德性的不同阐释;另一方面体现在国内的两本主要的《德性论》著作对于德性内容的阐述并没有一条完整的思路。从德性的内在来说,无论是将其理解为品质、情感、习惯,还是力量、能力等,德性都必须与人的实践活动、精神活动有关,都必须要从人的实践活动和精神活动中才能够获得。而从西方传统的德性论研究来看,内在的规定就是人是一个理性的存在者,德性的研究基本上采取理性的路径,或者说把德性看作是一种理性来进行研究。本选题研究德性的"精神"气质,用精神哲学的方法来对德性进行探究,并同时把德性理解为一种精神,从精神哲学的角度来建构德性,试图给予德性一个完整的精神定义和系统的内容阐述。

二、国内外研究概要

德性的研究在历史上呈现为很多种方式,也包含着很多种内涵。其中著名的有亚里士多德伦理学,功利主义伦理学,情感主义伦理学,理性主义伦理学。在这些关于德性论的研究中,理性主义一直是德性研究的主流,且把德性理解为一种内在品质。而把德性作为一种精神理解的研究却相对较少,综合国内外的研究现状,大致可以概括为以下几个方面的内容。

(一)德性与幸福的关系

幸福作为德性的目的或幸福作为人最终的目的,最早是亚里士多德在自己的伦理思想里提出的观点,随后在西方的伦理学思想里得到了很好的继承和研究。最著名的就是功利主义的伦理思想也把人行为的目的指向了幸福，德性行为的目的就是为了达到幸福。幸福作为德性的目的在哲学史上得到了很多的研究。这里不做逐一的梳理。如国内学者王海明和孙英著的《美德伦理学》(北京大学出版社2011年版)。文章指出美德伦理学作为一门独立的科学，其研究的对象便可以归结为幸福、良心、名誉和品德四大范畴。在内容上，幸福是道德由社会外在规范向个人内在美德转化的原因、目的和原动力，构成美德伦理学的上卷；良心与名誉是道德由社会外在规范向个人内在美德转化的途径，构成美德伦理学的中卷；优良的品德是道德的实现，构成美德伦理学的下卷。文章对于德性的定义没有进行考量，只是简单地将美德的研究对象说成是幸福、良心、名誉和品德。这些作为美德的研究对象显然没有完全的说服力，善良的行为、人格的完善、良好的社会秩序、和谐的人际关系等等都可以是美德的研究对象。这就把幸福锁定为德性的目的。

幸福的确是人应当追求的东西，这是人成为一个现实存在者的有力依据。亚里士多德的德福问题，回答了德性与幸福的相关性，德性构成了幸福的条件。康德的德福问题，回答了德性与幸福的矛盾，一方面把幸福理解为感性的东西，需要排除；另一方面人又需要幸福。康德最后对于德福悖论的解决，就是著名的配享幸福理论，即人只有遵守了道德法则，拥有了德性才会配享幸福或够享幸福。但这些关于德性与幸福的讨论，虽然涉及他们的矛盾关系问题，但是很多都只是从对立的角度来理解，而没有从德性与幸福的辩证关系上来进行研究，也没有从德性生成的角度来讲人的幸福问题。

(二)德性的自由根基

自由作为德性根基的研究最具有代表性的就是寇东亮的《德性重建的自由根基——现代道德困境的人学解读》，文中提出自由是人主体性的确证，是德性的形成根据，没有了自由，德性的自律本质将不会实现，自由就是德性的根基。在论证自由作为德性的根基的内容上，指出从主体的角度去理解道德，道德的个体本质凸现的是道德的人格属性和德性维度，把道德当作实践去理解，道德的实践本性凸现的是道德的自由创新性、人际社会性和行为规范性。通过显示的人、通过实践，道德显现为一种自由精神。其中对于德性进行了概括性的阐述，一是从人学的意义上，德性指的是人所拥有的人之为人的卓越或优秀的功能特性和人性品质；二是从个人道德意义上，德性是指调节自身矛盾以及他人和社会关系的需要，在道德实践中形成的比较稳定的心理习性、心灵特质、个性特质和精神境界；三是在个体道德美德的意义上，德性是指个体理解、内化与履行伦理原则和道德规范的秉性、气质和能力；四是在个体道德人格的意义上，德性是指个体所具有的提升自己的道德境界和成就自己的理想道德人格的品质和特性。这就使对德性的理解拥有了深刻的含义，文章采取的主要是第三种理解。具体在论证德性是自由的根基中，第一章是德性重建中的自由吁求，讲述了道德知性主义、道德规则主义、道德法律主义、道德相对主义、道德虚无主义和道德理想主义对于德性的不同程度的消解和边缘化。第二章是伦理思想演进中的德性与自由——现代道德困境的思想渊源。第三章是德性重建的自由前提与伦理保障，指出德性是心灵秩序的造就与守护。第四章是德性重建的自由根基与社会保障——现代道德困境的实践消解，指出实践教化的重要性。第五章是德性重建的人格基础与人格保障——现代道德困境的主体消解。文章把自由说成是德性的根基，确实包含着很多有价值的探讨，而德性的自由是什么，内在依靠什么来生成却没有进行一个很好的研究。

（三）德性的精神品性

国内学者陈根法的《德性论》指出德性具有三个特点，一个是德性是什么？根据不同伦理学家的阐述，德性是一种品质，或者是一种具有精神性的内在品质；一个是德性的终极性问题，认为德性的终极性目的是为了获得幸福；另一个是德性的体认，就是能够通过良知对善恶进行分辨和选择，在矛盾中展现出自己的德性力量。德性的内在价值包括德性使人成为人，使人灵魂高尚，同时有利于提升人生的价值目标和确立人生的终极目标。德性的外在价值包括德性具有社会的价值、被视为文明的内在尺度和表征着生活世界的条理和秩序。在章节划分上，第一章导论，德性的意义和价值，第二章德性的向善力，第三章德性的审美力，第四章德性的选择力，第五章德性的意志力，第六章德性的人格力，第七章德性与经济，第八章德性与德治，第九章德性与文明，第十章德性与人性，第十一章德性与幸福，第十二章德性与家庭，第十三章中西方传统德性伦理之比较，第十四章德性伦理在现当代的意义。从德性是一种力量的角度讲述了德性包含着一种精神的能动性。

杨国荣著的《伦理与存在——道德哲学研究》（上海人民出版社2002年版）认为，德性不只是规范的内化，它更是人的精神空间的全面拓展和提升，是人的道德精神的整体生长。德性包含着规范的内化，但德性并不仅仅是规范的简单的衍生物，在深层意义上，它更表现为道德价值理想在个体人格上的具体化，表现为一种人格美。这就将德性理解为规范的内化和人格的完善。萧延中的学术论文《德性：群族禀赋的精神象征》认为，德或德性的原始语意指的是群族禀性，这使得德性就具有了整体性的特征和群族性的气质，如敬慎厥德、勤劳节俭、克己尽责。庄婉莲的《论德性的外在价值》一文认为，德性作为人内在的一种以道德为核心的精神品质，虽然已坐落在个人性格中，其趋向却是一种求善的精神。胡绪阳的《德性的概念与内涵》一文认为，德性是指人的以道德为核心的具有卓越特征和生命力量的精神品质，并把德性的内涵归纳为真、善、美的统合。李杨、许诺的《德性、德性伦理和德性精神刍议》一文认为，德性是一种使人获得幸福和使人完善的品质(品格)，它通过实践理智的运用而获得，并通过实践理智的运用而实现，一方面与个体完善相关；另一方面与社会至善相关。德性精神追求人的价值，在理论建构中通过精神的自我生长追求理想的个体至善和社会至善，在现世生活中通过道德自我的确立追求现实的个体至善和社会至善。丁秋玲、韩东屏的《论德性范畴》一文认为，德性是一种内在的精神结构，又表现在现实的行为过程中，成为能够达至实践内在善的品性。这些文章都从规范的内化、人格的完善、实践的求善等方面讲述德性是一种精神的品性。

在西方，德性作为一种精神的理解而存在，古希腊柏拉图提出人的心灵包含着三种能力即欲望、激情和理智，个体德性的获得就是这三种功能的发挥和和谐有序的处理。亚里士多德认为德性指的是人的灵魂处于一种好的、优秀的状态,是理性的灵魂与非理性的灵魂相互融合,再加上长期的教化才能获得的。柏拉图和亚里士多德论述了德性获得需要感性基础和理智共同作用这个观点。斯多亚学派的克里安雪斯认为德性是心灵的一种优秀状态或是一种和谐的性情,将人的自然本性和理智进行调节。新柏拉图主义伦理学家柏罗丁提出灵魂的德性,认为实践中德性的获得是从诸恶的因素中摆脱出来的,德性是从上一级的精神那里产生出来的,并通过精神传给人。奥古斯丁认为德性是对人的精神力量和尊严的理解,德性的来源是上帝。托马斯·阿奎那认为德性是人所获得的良好习惯,它的追求是超越人的本性,对于上帝的皈依。斯宾诺莎认为人由身体和心灵构成,德性就是力量,是寻求自身的存在和善的事物。培根提出以公共的福利为基础的善德,是人类一切精神的伟大之处。

当代的威利(Wiley)讲述德性不能作为一种知识,应是人精神认识体现出来的状态。还有布莱克威尔(Blackwell)和韦恩·D. 里格斯(Wayne D. Riggs)也对德性有一定的论述。这些关于德性论的研究基本都从心灵哲学的角度来论证德性的精神属性问题,或是从心理学的视角来进行论证,涉及德性精神的认知内容,并没有真正涉及德性的精神内容。

(四)德性的统一与不统一

国内学者江畅的《德性论》将德性定义为使人能够更好地生存的品质,指出德性包含着五个特征,一是指向性,指德性最终要服务于其具体者,使活动于其中的共同体及其成员更好地生存;二是意向性,指德性作为一种心理定势对人的态度和获得具有规范作用和导向作用;三是多维性,指德性作为心理定势体现出来的人的活动的各个方面;四是统一性,指的是德性统一的内在指向,而不是相互的独立;五是稳定性,指的是德性一旦形成就拥有稳定的性质。德性的统一性是其德性论研究的一个基本的观点。

黎良华的博士学位论文《美德的统一性问题研究》,从三个不同维度对美德的统一性进行论证:一是从美德的结构之分析出发,表明美德之间具有某种程度的统一性之必然；二是阐明美德的统一性以人格为其存在形态，人在对自身人格美的追求过程中使得自身所拥有的美德向一种统一性的状态靠拢；三是从人对幸福追求的分析出发，表明幸福是各种美德的总体指向，幸福的追求促使人所具有的美德向着统一性的方向不断迈进。文章具体地分析了美德统一性问题的历史溯源，美德碎片化的困境问题，美德统一性论证的预备性问题和不同维度问题，最后作者提出自己主张的是一种弱式的美德统一论。文章回答的主要论点是主张美德的统一性，而非碎片化。

国外学者邦妮·肯特(Bonnie Kent)讲述道德生长是在人的实践过程中随着认知行为的发生而逐渐形成一种道德意识和道德品性，美德的统一性源自道德在人自身的生成过程，得出道德的生长与美德的统一性是相辅相成的结论，以此确认美德的统一性与人的道德行为过程是直接相关的。罗伦斯·贝克(Lawrence C. Becker)指出，美德的统一在于人是一个有机的统一体或实体，在人身上不存在美德的分裂性问题，虽然人身上有很多属性，不同的属性会有不同的德性，而这些不同的德性都属于人这个整体，各种德性在人身上必然是并存的。德性的冲突在于人的不同层面的德性会产生出一定的冲突，如中国社会中的忠孝不能两全。走出这些德性统一、冲突的矛盾就需要实践智慧的作用。戈帕尔·斯林瓦森(Gopal Sreenivasan)认为，德性的统一性源自古代德性论的经典阐述，而当代的德性伦理一般反对这样的观点，德性的不统一性更多来自人行为的独立性，作者试图从行为的独立性和德性行为的相互联系来论证德性的不统一观点。

总体而言，德性的统一性认为人是一个整体性的存在，德性也应该是人的整个人格的体现。德性的不统一性认为人的行为是各自独立的，每一个单独的行为都具有自己的德性。从人的整体存在而言，德性应该具有统一性的特征，但这些对于德性的统一性的认识往往是从人的整体存在和行为的总体取向来进行理解的，并没有从人的精神的角度来进行整体性的思考。

三、问题的总结

(一)传统德性研究的问题

从中西方传统德性思想的研究来看,大致可以包括这样几种类型,一是把德性理解为一种品质或道德品质,通过人的内在修养而达到的一种品性;二是把德性理解为一种能力和力量,通过运用理性的力量对感性欲望的抑制而获得一种内在的道德力量;三是把德性理解为一种心灵秩序或心灵品格,通过人的知情意活动而获得一种具有稳定性的品格;四是把德性理解为内在善的东西,人格是其定在,幸福是其目的;五是把德性与规范、恶性对立起来理解。由此我们就可以发现传统德性思想研究的几大问题。

一是德性作为一种品质的主流理解并不能很好地诠释德性的含义,这导致了一些伦理学家提出了许多不同的定义和看法。品质在中文的理解里,是人的行为所表现出来的内在特征和本质;在英文的理解里,包含着两个词即Quality和Character,Quality包含着质量、品质、素质、质、性质等意思,Character包含着人物、字符、性格、性质、品质、个性、文字等意思。品质大致也表现为一种内在的品性。德性的外在属性是什么,外在指向和总体指向是什么等问题就没有涉及。

二是德性作为一种能力和力量的理解,也没有很好地诠释德性的含义。这种理解是把德性与自然兽性、感性的欲望、冲动、任性对立起来,尤其以康德、斯宾诺莎、亨利·摩尔为代表,同时这也代表着中西德性论思想的一个主流的理解。其认为德性的获得是人运用理性或理智的力量去战胜自然兽性、感性欲望、冲动对人的影响,使人的行为具有道德价值。这种理解忽视了人的感性欲望对德性培养的重要性,对于德性的理解同样是片面的。

三是把德性潜在地理解为一种善或善的取向、幸福的目的,但却缺乏相应的阐述和严密的论证。西方从亚里士多德开始就提出任何技艺、一切实践活动都是为了实现某种善,对德性的理解就包含着一种善的认识,如麦金泰尔认为德性是一种善的品质。善虽然隐含着一种正确的取向和良好的价值倾向，但善同样是属于人的主观性的东西。幸福也是同样的道理，人追求的目标和德性追求的目标相同，幸福同样也包含着主观性的内容。这种德性作为一种善的倾向的理解就需要辩证地来看待。

四是把德性与规范对应起来理解。在古希腊，德性讨论的一个中心的问题就是什么样的生活是值得一过的，人应该成为一个什么样的人。在近代理性主义规范论开始兴起以后，认为人的行为就是尊重理性的行为，对人的感性欲望和冲动的战胜是人具有德性的首要前提。人对于道德规范是否遵守就决定了人们是否具有德性。规范论由此追问的问题就是我应该怎样做才能符合规范。德性就缺乏了主动的精神和创造力，因而就与规范论对立起来。实际上德性与规范论应该相互作用，才能更好地阐述德性的内容。

五是往往把德性固定在某一种观点的理解上。每一位伦理学家都从自己的理论体系讲出德性的内容，于是出现了德性是一种品质、力量、能力、情感、习惯的理解。德性的实践运用也往往停留在某一种观点上，缺乏对于德性思想的一种统一的认识，这会导致德性在整体的理解上和现实的评判中都存在问题。

（二）德性作为精神理解的研究问题

从以上对于德性的精神理解的研究现状可以看出，德性的精神研究涉及人的幸福、自由、人的精神品性和德性的统一性问题。德性与幸福的关系虽然涉及二者的矛盾问题，但往往只是把幸福作为德性的目的来进行探讨，没有从德性的生成角度来理解人的幸福问题。德性的自由研究涉及德性的自由问题，指出自由是德性存在的根基，但并没有讲述人的德性自由是如何获得和如何生成的。德性的精神品性从人的精神、灵魂、心灵的角度来理解德性的问题，把德性理解为通过人的精神、心灵而获得的一种品质，但大多是从人的心灵、心理的角度来建立德性的内容，并没有从人的精神这个整体的角度来理解和建立德性的内容。德性的统一性是把人看作一个整体性的存在，德性的行为取向应该具有统一性的特征，并没有从人的精神认识、精神的能动性来理解德性的统一性问题。

德性的精神理解，是把人看作是一个精神的存在者，人的精神是一个整体性的概念，在人的精神活动中必然会涉及人行为的各个方面问题。德性的精神理解也就必然涉及人的幸福、自由、行为的统一性问题，德性在自身的生成过程中依靠的就是精神的作用。德性依靠精神的理解就是在精神的现实活动中体现出来的精神品质，内在不仅涉及人的幸福、自由，还会涉及人的行为统一性和价值的取向性。德性的精神理解讲的就是德性有一个发生、发展的辩证过程，在精神的认识过程中形成德性的内容，真正体现人的德性自由和德性的统一性。同时形成德性概念的生成思路，不再局限于人的某一特点的德性理解。以上的德性的精神理解只是部分地涉及德性精神的内容，并没有在整体上形成一种德性的精神认识，由此产生出德性的辩证认识及其内容。

另外，甘绍平在《当代德性论的命运》一文中，指出规范伦理学与德性论的差异，认为规范伦理学注重道德原则的运用，德性论注重的是个人品格、气质、情感和行为动机的发挥。在当代德性论的复兴中，主要表现为三种不同的方式，一是以麦金泰尔为代表的所谓共同形式主义，二是以美国哲学努斯鲍姆为代表的普遍主义，三是以美国哲学家麦克道尔为代表的以强调明智为特征的所谓明智论。在当代如此复杂的社会关系中，每一种单独的德性论的变形都是失败的。当代德性论的复兴需要寻求另外的路径。德性的精神理解就是抛弃这些分裂性的观点，从人的精神的整体角度来建构德性的内容，得出德性的精神气质理解。

四、研究的价值、思路、创新与局限

（一）研究的价值

1. 赋予德性研究以新的理解。德性在一般的理解里，常常被理解为一种品质，同时这也是许多的伦理学家和相关学者经常使用的一种概念。本选题从精神哲学的角度来对德性进行阐述，把德性理解为一种精神，既包含了德性的内在内容，也包含了德性的外在内容，将内外进行有机的结合，通过精神的辩证发展，达到对德性的一种普遍性的理解，使得德性具有自身的生成过程，并达到对自身的完整认识，从而超越以往对于德性思想的理解，赋予德性思想以新意。

2. 拟解决德性与规范的争论问题。德性思想始终存在着与规范或规则主义的矛盾，这问题在今天显得非常突出。二十世纪引起了罗尔斯和麦金泰尔的论战，论战的关键所在就是德性与正义何者优先的矛盾问题。规则主义要求所有的行为都必须按照规则办事，在规则的范围内从事一切活动，行为才具有道德的价值。其基本的问题就是我应该做什么。德性论追求的是个体行为的完善，在自己主观的意见和努力下从事一切活动，使行为具有道德的价值。其基本的问题是我应该成为一个怎样的人。这导致了德性论与规范论的长期争议。其实两种理论都包含着自身的价值。德性作为一种精神的理解，就扬弃了二者的矛盾，通过德性自身的生成，将规范结合起来共同构成德性思想的整体内容。

3. 为当代理性主义泛滥和道德滑坡提供借鉴价值。当前社会的理性主义泛滥表现在什么都要靠理性来进行行为的考量。一个行为的发出，人们总是会问为什么，有什么样的依据，能获得什么样的利益和效果，同时还注重理性规则，认为什么都要按规则办事，各个部门和各个团体都拥有着自己的规则，人的行为都必须要按照这些规则办事。这使得人们逐渐形成了一种强大的理性规则思维，认为行为的原因必须要出于理性的规则和理性的考量。由于理性自身的缺陷，导致了人主观能动性的丧失，道德出现滑坡的现象。当人走出了一定团体后，对陌生人的现实困境往往会漠不关心，因为这不是理性规则考虑的范围，对别人的关心和帮助也并不能给自己带来好处和利益。德性作为精神的理解，就会抛弃这种单纯规则主义和理性主义的思维，德性的获得就是一个辩证的过程，是在与他人的辩证矛盾关系中获得真正的存在。内在表现为我和他人是统一的，我的德性同样需要他人的德性和行为才能得到实现。这样就有利于解决当前理性主义泛滥和道德滑坡的问题。

（二）研究的思路

本书的题目为《德性的“精神”气质》，气质指的是一个事物的内在所体现出来的独特性，整个含义就是德性在精神哲学下体现出来的独特内涵和思想,把德性理解为一种精神或精神品质。文章在整体的研究思路上,采取问题式的切入方式。首先引入德性是理性还是精神的辩论及其历史的争议,分别对两大传统进行一定的阐述,得出一直以来德性的理解是理性大于精神的结论。基于这样的现实,正文首先阐述了传统德性研究的理性困境,讲述德性研究一直以来存在的问题。而摒弃这些困境就要靠德性的精神理解。随后进行德性的精神证成,分别从德性和精神的两个概念谈起,论证出德性是一种精神现象而不是理性现象。德性既然是一种精神,按照德性和精神在人身上的体现,就分为了自然德性、道德德性和伦理德性三种逻辑形态,构成德性的精神气质研究的整体性的论证。最后就是对现代性德性思想进行一定的批判和救赎,指出现代性德性主体权利、利益和工具理性的倾向性。以德性的精神理解来挽救现代德性衰落的命运,唤起人们对于德性的精神认识。

(三)研究的创新

1. 给予德性以新的视角。本选题是在精神哲学的背景下,运用精神哲学的方法来研究德性和建构德性的内容。精神是一个自我发展、自我生成和自我完善的理念,道德和德性属于精神发展的客观环节。在这个客观环节中,德性有着自身的发展逻辑。德性在精神哲学的视角下,将德性看作一种精神,德性就拥有了自身生成和发展的完整思路,内在扬弃人的感性偏好,外在调和与他人的矛盾,最终形成一种内外结合的精神品质。

2. 摒弃德性是某一种观点的理解。德性在传统的理解里包含着许多种不同的含义,不同的伦理学家和哲学家往往会提出不同的看法。德性作为一种精神的理解,或者说在精神哲学的理解下,就抛弃了那些对于德性思想阐述的不同观点。在精神哲学看来,以往的不同观点都是人自身的体现,可以说都是人自身的不同属性所在。精神的发展要指向一种普遍性,德性的理解在整体上也必须要指向一种整体性或普遍性,才是对于人的德性的一个完整的概括。事实上,不管是把德性理解为品质、力量,还是把德性理解为能力、情感和习惯等,德性都必须是人精神活动的结果,都要经过实践的辩证发展过程才能真正获得。

3. 建立德性思想的整体思路。德性在不同的哲学家和伦理学家看来，拥有着不同的思路，有柏拉图的理智、欲望、激情三者的和谐有序，有亚里士多德的理智德性、伦理德性的区分和德性的中道抉择，有情感主义伦理学家们的直觉主义，有康德等的理性对感性偏好的抑制，有功利主义对多数人利益的服从。但从人这个整体来说，它们可以说都是对德性整体的不同理解，都是属于人的德性范畴。德性的产生必然是人的意识活动经过教化，对人自身的感性欲望和外在条件进行调节，获得一种内外统一的精神品质，由此形成德性整体思路上的构建。

4. 从实践与理论、主观与客观相结合的角度来考察德性，而不是仅仅从某一个方面来界定德性。以往的许多德性论思想的阐述都是只从实践的角度，心理活动的角度，主观确定的角度，客观评判和结果评判的角度来对德性进行界定的。如亚里士多德认为德性是一种实践智慧，康德认为德性是一种实践能力，功利主义者认为德性是对于多数人福利的关注，等等。德性固然有着这几方面的特点，但德性的理解应同时包含着实践与理论、主观与客观方面，德性的“精神”气质的研究就同时包含了这两方面的内容。

（四）研究的局限

1. 精神哲学的理解存在着难度。精神哲学主要是黑格尔的精神哲学，由于黑格尔的著作很多，思想带有很强的思辨性，且晦涩难懂，这导致了对黑格尔精神哲学的理解存在着不少的困难。本选题是从精神哲学的视角来对德性进行阐述和建构的，对于精神哲学的理解是最基本的。由此导致本文研究内容上的困难。

2. 对于德性与精神的关系的理解方面也存在着不少的困难。精神自身拥有着自我扬弃、自我发展、自我完善的特点，注重的是在辩证的矛盾发展中把握自己，实现自身，达到个别性与普遍性的统一。德性从诞生开始就拥有着一种生命感，德性的获得同样需要经过教化，对自身内外矛盾的克服才能获得真正的内容。从这个角度说，德性是一种精神。但在具体的论证上还需要许多具有说服力的观点。

3. 对于德性内容本身的理解方面也存在着一些困难。不同的哲学家和伦理学家对于德性的阐述拥有着许多不同的理解,哪一种是对于德性思想本身的很好地理解,哪一种不是对于德性思想的很好地阐述,在很多情况看来是无法进行比较的。这就会造成德性思想理解上的困难,应该采取什么样的态度,是从人本身去理解德性,还是从不同伦理学家对于德性的不同理解去概括一些相同的观点?本选题采取的是从人本身去理解德性,从它生成、发展去建构德性,希望能给予德性以新的阐述。

导 论

德性是“理性”抑或“精神”？

德性作为一个古老的话题，自人类诞生开始就与其相伴相生。德性早已成了人生活和存在的基本要素，从历史到今天都得到不少哲学家、伦理学家的研究。西方从古希腊开始，中国从三代开始就对德性进行了大量的探讨，在随后的几千年里，德性呈现出了很多种理论，有把德性理解为一种内在的品质、道德的力量、情感、习性，也有把德性理解为一种心灵品格、精神品性。综合这些关于德性思想的研究，它的内在要素或内在本质就可以归纳为两种，一种是“理性”的理解，一种是“精神”的理解，由此构成德性研究在历史传统中的两大总体性问题。

一、德性研究的两大传统

西方从古希腊开始，先是自然哲学家对于世界本原的探讨，后是苏格拉底转向对于人世的追问，理性的传统就得到了很好地建立。自然哲学家们运用逻各斯(logos)的理性力量将世界的构成物质进行了筛选和甄别，分别得出了水、火、空气、土等构成世界的最初元素，回答了世界的本质、世界的本原是由某一种物质构成的问题。这同时也树立了理性的思维方式，用理性来思考和回答复杂的自然现象和社会现象问题。苏格拉底是最初将古希腊人对于自然宇宙的关注转向对人类自身关注的人，他首先提出的问题就是“什么样的生活是值得一过的”。围绕着这个人类自身问题的追问，苏格拉底穷尽了一生，为人类创造了很多的人文智慧，同时提出了很多著名的命题，比如“德性即知识”“人应该为灵魂操心”等著名的观点，还有很多关于德性问题的讨论和助产术的理论。而这些德性问题的讨论及其观点的得出，内在依靠的是什么？苏格拉底明确地说，人是一个有理性的人，所有德性问题的讨论及观点的得出都是人依靠理性推导和判断的结果。由此开启了西方理性主义德性论研究的进程。

柏拉图承接了苏格拉底的思想，提出了古希腊的四元德，也就是古希腊的著名四德：智慧、勇敢、节制、正义。那么这些德性是如何获得的，在人身上是如何体现出来的？柏拉图指出人的德性来自灵魂的作用。灵魂对人来说是一个总体性的概念，内在包括理智、激情和欲望三部分。在这三个部分中，欲望属于本能的层次，与人的情欲紧密相连；激情属于实践的层面，与人的本性冲动紧密相连；理智属于精神的层面，与人的智慧紧密相连。激情和欲望必然要受到理智的引导和指引才可能获得善的价值。于是，欲望在对理智的服从下，形成的德性就是节制，激情在对理智的服从下，形成的德性就是勇敢。理智本身就是一种智慧的力量。根据柏拉图的这些观点，人的德性的获得当然就需要理智的指导，倘若没有理智的指导，人的德性就不可能得以形成。欲望就永远地依靠本能行事，激情也永远地按照本性的冲动行事。德性的获得和形成毋宁是理智对于人身上的欲望和激情的克制，这由此形成了德性获得的理性路径。

亚里士多德在继承了苏格拉底和柏拉图的思想后，对德性论的思想进行了进一步的阐述，成了古希腊德性伦理思想的集大成者。在对人的内在界定上，亚里士多德进一步明确地指出，人是一个理性的存在者，或理性是人所特有的活动方式。在具体的论证方式上，亚里士多德将灵魂分为了非理性部分和理性部分，非理性部分包括植物的灵魂和动物的灵魂，理性部分包括人的灵魂。植物的灵魂活动特征是营养和生长，动物的灵魂活动方式是感觉和本能的欲望活动，人特有的灵魂活动方式就是理性。而人是一个有灵魂的存在者，人的灵魂就同时包含了理性部分和非理性的部分，非理性部分就要受到理性部分的约束，行为才具有道德的价值，人也才称其为人。理性就成为人内在思考和外在行为的本质特征。亚里士多德由此将理性分为理论理性和实践理性，理论理性思考事物的本质问题，实践理性思考行为的实践活动问题。德性也相应地分为了理智德性和伦理德性，“理智德性主要通过教导来形成和培养，因此需要经验和时间，伦理德性是从习惯产生的”[①]。理智德性就因教导而生成，伦理德性因习惯而生成，理智德性需要的是经验和时间，伦理德性需要的是习惯和顺乎自然的实践选择。两种德性的获得内在都依靠理性的作用。而伦理德性的获得更需要实践的理性选择和中道智慧。中道是不偏不倚地达到最合适的中间，两端都是恶，只有对两端的恶进行克服才可以获得其中最好的善。如勇敢德性的获得就是对懦弱和鲁莽的克服，慷慨德性的获得就是对吝啬和铺张浪费的克制。德性的这种理性的获得范式在西方的伦理思想史上就获得了最好、也是最高的论证。从此在西方的伦理史上，德性的理性主义影响着西方德性思想研究，并成为主流。

斯多亚学派沿着古希腊的理性主义德性论进行思考，认为人是有理性的，德性与理性的关系在于，德性是人内在的一种道德品性，人只有拥有德性才会获得幸福，而人在获得德性和幸福的过程中，必然要与自身的本能欲望和感性冲动发生冲突，理性就是克服这些欲望和冲动的力量。德性的获得就是理性对于人自身欲望和冲动的克服。晚期的斯多亚学派人物塞涅卡甚至提出：“人的本质就在于理性地生活，理性地生活才是真

① [古希腊]亚里士多德．尼各马可伦理学 注释导读本[M]．邓安庆，译．北京：人民出版社，2010：76.

正的道德生活，因此，道德生活要求排除人的肉体感觉、弃绝世俗的激情和欲望。"①德性获得的途径就是理性对人的感性欲望的完全克制，达到不动心的状态。后来的基督教德性思想完整地继承了斯多亚学派的德性理论，尤其是晚期的斯多亚德性思想，认为人的德性的获得和生成就是理性对于自身感性欲望的克制。信、望、爱成为基督教的三大主德。人为什么要具备这三种德性？是因为人理性地认识到上帝的全知全能全善性，对人的现世和超世有绝对的指引。这样在基督教的德性思想里，尽管德性理论包含着很多超世的成分，但德性的内在生成依然要依靠理性的认识和作用。西方的理性主义德性传统依然浓厚。

在近代以后的西方德性思想里，大多数的哲学家、伦理学家都持理性的观点来对德性进行研究。首先举起理性主义大旗的就是法国的哲学家笛卡尔，在他看来，理性就是人的"判断和辨别真假的能力"②。行为的善恶关键在于人如何运用理性对情感、情绪和欲望的控制。斯宾诺莎认为德性的要求就是人依照理性保持个人利益和公共利益的一致。后来的康德将理性主义的德性思想推向了论证的顶峰，在他看来，人是一个有理性的存在者，或理性是人之为人的一大标识。而人的现实就是理性地按照义务的法则命令行事，克服感性偏好、感性情感对人的行为的影响。"德性是一个人在遵从其义务时意志的道德力量。"③德性的获得就需要理性对于感性偏好和感性情感的克服，或德性本身就是一种理性的力量。西方的这种德性的理性主义研究一直沿袭着，当代的哲学家麦金泰尔也在《德性之后》一书中提出："第一，把德性看作是获得实践的内在利益的必需的品质；第二，把德性看作是有益于一整体生活的善的品质；第三，把德性与对人而言的善的追求相联系。"④德性实际上就是一种获得性的善的品质，内在必然需要理性对于内外利益的权衡才能诞生。

西方的这种德性论的理性主义传统，一直从古希腊沿袭、发展到今

① 唐凯麟. 西方伦理学名著提要[M]. 南昌：江西人民出版社，2000：83.

② 宋希仁. 西方伦理思想史[M]. 北京：中国人民大学出版社，2004：167.

③ 李秋零. 康德著作全集第6卷[M]. 北京：中国人民大学出版社，2007：417.

④ [美]麦金泰尔. 德性之后[M]. 龚群，戴扬毅，译. 北京：中国社会科学出版社，1995：343.

天，德性思想研究的主流依然是理性主义，足见理性主义德性观的生命力和重要性。而除此之外，德性的研究还有另外的传统，那就是“精神”的传统。古希腊哲学家们的灵魂所包含的内容，如柏拉图的欲望、激情和理智，亚里士多德的理性和非理性，就大致具有“精神”的含义。人的一切行为都是灵魂作用的结果，也是精神起作用的结果，其中就部分地包含着德性的精神理解。

黑格尔是西方传统中将德性付诸“精神”理解的重要人物。精神是什么？在黑格尔看来，“精神是知自己本身的现实的理念”①。具体在论证精神的过程中，黑格尔从逻辑学和自然哲学出发，将自然作为精神诞生的重要条件。认为精神来源于自然，并超越于自然。为什么来源于自然？原因在于任何事物的诞生必然要有一定的基础和对象，自然就是精神诞生的最重要对象。自然的必然性和个别性内在地为精神的自由性和普遍性找到了最合适的对象和基础，这也导致了精神必须要超越于自然，去寻找自己的自由和个别性与普遍性的统一。而在这一追求中，精神要知道自身就是理念，或精神要回复到自身，必然就要经历几个阶段的发展，那就是主观精神、客观精神和绝对精神三个阶段的发展。主观精神是在自身内发展和显现的精神，或认识着自身的精神，客观精神是在客观环境中呈现和发展的精神，绝对精神是主观精神和客观精神的统一，“是永恒地在自身内存在着的、同样是向自身内回复着的和已回到自身内的同一性”②。即绝对精神就是永恒地在自身内存在和回复到自身的精神。这样，黑格尔就把精神看成是世界的本原和事物取得发展的内在力量，精神自身的特点就是“从一个环节到另一个环节、从一个阶段到另一个阶段、从一种形态到另一种形态的必然性，也就是它成为一个自我实现、自我认识了的有机整体的必然进展”③。德性在精神的理解下，就是精神起作用的结果，在具体的理解里，“德毋宁应该说是一种伦理上的造诣”④。而内在地德性的获得和生成就不仅针对人的主观偏好，还必须要在客观的

① [德]黑格尔. 精神哲学——哲学全书·第三部分[M]. 杨祖陶，译. 北京：人民出版社，2006：10.
② [德]黑格尔. 精神哲学——哲学全书·第三部分[M]. 杨祖陶，译. 北京：人民出版社，2006：371.
③ [德]黑格尔. 精神哲学——哲学全书·第三部分[M]. 杨祖陶，译. 北京：人民出版社，2006：12.
④ [德]黑格尔. 法哲学原理[M]. 范扬，张企泰，译. 北京：商务印书馆，1961：170.

伦理环境中锤炼和进行矛盾的斗争才能够真正得出。由此构成德性的精神阐述。

在中国的传统文化中，精神是主流而非理性。具体来说，为什么中国传统文化是重视精神的？原因在于中国传统文化主要是一种人伦文化或伦理文化，内在追求的是一种天人合一的境界，行为注重情理和心、性、情、命的统一。而在中国的传统文化中，精神究竟怎么来理解？“一方面，它是内在的理性与外在的气质的统一，内在的要义精华与外在的风格表现的结合就构成了它的内涵。另一方面，精神往往又与心灵、灵魂等词同义，具有自身运动的特点，是主体的意识，心理的自在状态。”[①]尽管精神的概念具有一定的复杂性，但精神作为内在理性、心灵与外在气质的结合却是中国传统文化的最大特征。精神就作为了中国传统文化的内在气质和内在涵养。德性在这种精神的作用下，或者在精神的推动下形成了自己独特的内容，“在社会伦理上表现为家族本位，以家族关系为原型与出发点，建立起‘天下一家’的伦理实体；在个人道德上表现为情感本体，以血缘情感基础上形成的道德情感作为认识与判断的机制；在精神结构的原理上表现为血缘、伦理、政治的直接统一，按照血缘的原则建立起伦理政治的关系；在精神性格上表现为道德性的进取，修身养性，自强不息，最终达到‘至善’的境界；在价值取向上是整体至上，秩序至上，以整体和谐与社会秩序为最高价值。”[②]即德性以家庭和血缘为情感的本位，内在修身养性，外在实现自身，达到内在和外在兼修的高尚精神品质。

二、两大传统的各自辩护

从以上对德性的理性和精神两大传统理论的简单阐述中，可以发现，两大传统在中西方的伦理思想史上都占据重要的位置，其中西方以理性为主，中国以精神为主。两大德性理论的存在也必然有着内在的依据和存在的价值，德性的理性研究路径是把人看作一个理性的存在者，德性的精神研究路径是把人看作一个精神的存在者，二者都有着各自的论证依

① 樊浩．中国伦理精神的历史建构[M]．南京：江苏人民出版社，1992：29.

② 樊浩．中国伦理精神的历史建构[M]．南京：江苏人民出版社，1992：43-44.

据和内在差异。

德性的理性主义理解在西方由来已久,早在古希腊时期,不少的哲学家、伦理学家就依据逻各斯(logos)将人内在地确定为一个理性的人。从此人是一个有理性的存在者就成了历代哲学家研究德性理论的一个重要的前提。而理性怎么理解?它内在包含的内容也将成为德性理解的一个主要的标尺。从简单的角度来讲,理性就是人的选择、判断、权衡、推理、调节和思考的能力,或"理性是人类所特有的意识能力和过程"[①]。但从内在的内容上来说,人为什么拥有理性或需要拥有理性?这一方面在于人是一个复杂的集合体,他身上不仅包括很多感性的东西,如各种感性的本能和感性的欲望,而且还包括一些理性的成分,如辨别善恶是非和推理、判断的能力;另一方面人身上的感性成分包含着一些恶的趋向,如果任各种感性因素自由发展,就是一种简单的任性行为,其行为的性质就与动物的自然行为无异,理性就必然要抑制人的各种感性行为,使行为超越于任性的理解,实现它的价值,同时也使人的价值得到实现。理性的这种引导、克制、推理、权衡、选择等的能力是人之为人的一个最起码的根据,也是人的价值得以呈现的缘由。西方传统的理性主义正是利用理性的这一理解来构建他们的理论。德性论就是在这一前提下来展开研究的。

德性论在理性主义的视角下就包含了许多的内容,由于人是一个有理性的存在者,因此德性就作为人的一种内在的道德品质。德性如何获得和生成?不同的哲学家和伦理学家都有着不同的理性论证思路。从以上对于德性的理性主义传统概述可以看出,不同时期的哲学家可能存在着不同方面的理解。如亚里士多德把德性理解为使一个人状态好和完成得好的品质,以及实践中的中道抉择;托马斯·阿奎那把德性理解为一种理性的习惯;康德把德性理解为一种意志的道德力量;麦金泰尔把德性理解为一种基于整体利益的遵从而产生出来的获得性的善的品质。但透过这些关于德性的理性主义的不同理解,可以看到理性主义德性论的强大活力。从总体上来说,可以从三个主要的方面来概括他们讨论的内容。一个是德性的获得和生成是理性对于感性偏好的规避和克服,一个是理

① 郭湛.理性的哲学与哲学的理性[J].教学与研究,1987(5):65.

性对于外在规则和整体利益的遵守、服从，另一个是理性在实践行为中的选择和权衡。第一个方面讲的是人身上存在着很多感性的偏好，这包括受本能欲望的控制和感性情感的纷扰，个人内在道德品质的获得就需要人的理性去战胜这些感性欲望和感性情感的影响，德性才可以在人身上得以生成。这牢牢地占据了西方德性思想研究的主流地位，成为众多哲学家、伦理学家德性论建立的内在依据。第二个方面讲的是人必然要生活在一定的社会环境中，社会环境的运作讲求的就是规则和整体利益的维护，人的德性的获得就是对于社会规则和社会整体利益的理性遵从。这是近现代的哲学家们所倡导的观点。第三个方面讲的是人在生活中遭遇的一些实践的问题，如利他和利己、为善和为恶的问题，德性的生成必然要依靠理性的实践选择和权衡来做出正确的判断。德性的这些理性主义的论证确实很好地阐述了德性生成的内外方面。

德性的精神理解在中西文化的传统中也占据着重要的位置。古希腊的灵魂概念、逻各斯(logos)概念虽然包含着精神的理解，但并不等于就是精神。在西方哲学史上，黑格尔是将精神加以阐述的最重要人物。在他看来，精神是自在自为的能够将个别性和普遍性加以统一的理念。人的精神的最大特征就在于它内在的矛盾性和辩证的发展性，同时在辩证的发展中形成一个有机的体系。这从整体上回答了什么是精神的问题，确立了精神是一个整体性的概念，具有整体性的含义，同时精神还是能够将人的整个生命和行为过程结合在一起的存在。人是一个有生命的整体性的存在，人的生命和价值就在于有精神和精神的作用。中国传统文化也是这样来理解精神的，把精神理解为人的一个整体性的概念，在人的生命过程和社会实践中指导人的行为，内在进行道德修养，外在体现为为他人利益和国家利益奋斗的精神，总体上包含着“穷则独善其身，达者兼善天下”①的德性精神品质。

德性在精神的阐述中，就包含着自己独特的论证思路和内容。人由于是一个精神的存在者，精神就是人行为活动的内在标识。在精神对于德性的内在生成过程中，精神的强大作用就在于不仅要在人的自身中进

① [宋]朱熹．四书集注[M]．王浩，整理．南京：凤凰出版社，2008：333.

行引导、克制和修行,还必须要在客观的伦理环境中推进人对于人伦关系、社会环境的认识,使人的德性真正具有精神的力量。黑格尔在《法哲学原理》一书中提出,“关于德的言论,容易迹近空话,因为这种言论尽是讲些抽象的和没有规定性的东西,并且这种言论中的论据和阐明都是对着作为一种任性或主观偏好的个人而提出的。在现存伦理状态中,当它的各种关系已经得到充分发展和实现的时候,真正的德只有在非常环境中以及在那些关系的冲突中,才有地位并获得实现”①。黑格尔的这句话正切中了德性的精神阐述的要害,德性不能仅仅针对个人的感性偏好和主观情感而提出,它还必须要走出主观的领域,在客观的伦理环境及伦理关系的冲突中,真正的德性才会诞生出来。这就等于说出了德性自身是一个辩证的概念,内在引导、克服主观情感和感性偏好的同时,还需要外在的实践磨炼,在真正的伦理关系中产生德性。在中国的传统文化中,德性的获得同样是一个辩证的过程,也同样是一种精神的理解。君子和圣人的品德不但具有很高的德性修为,合理地管控好了自己的感性因素,还要拥有很好的人伦情怀和济世精神。德性的生成是一种内外兼修的辩证本性。

从以上两种传统德性研究的内在内容和论证思路可以看出,德性的理性研究把人看作理性的存在者,德性的获得和生成是人理性作用的结果,不同的哲学家会给出不同的回答。从总体上而言,德性是人运用理性的功能对自身的感性偏好、主观情感的克制、对外在社会规则的遵守和实践行为中的权衡、选择而得出的,不同的方面会导致德性的不同内涵,其内在有理性强制的成分,也有积极引导的成分。这确实使人能很快地具有某一方面的德性,在某一方面表现出良好的德性行为。德性的精神研究则把人看作是精神的存在者,德性的获得和生成就是精神作用的结果,在这个理解上,中国的传统德性理论和西方的德性精神理论是相同的。德性都是依靠人的精神的辩证发展而取得的。在这个获得的过程中,德性整体概念的生成必然要首先与人自身的感性偏好和主观情感进行斗争,使得它们不能影响人的道德修炼,促进内在道德的形成;其次是在人

① [德]黑格尔. 法哲学原理[M]. 范扬,张企泰,译. 北京:商务印书馆,1961:168-169.

与人、人与社会的矛盾关系中，把握德性的本质。德性的精神的理解就从人的整个存在的角度来研究德性的问题，不仅内在需要扬弃感性因素的作用，外在还需要在伦理关系中来进行把握，就把德性理解为是人整个存在的呈现。德性的理性研究只是依据人的理性功能、能力将人的德性进行某一方面的呈现，而人是一种整体性的存在，德性的精神理解显然更加适合于人的本质。

三、理性僭越“精神”的现代性病灶

理性主义德性论在西方一直处于主流的位置，在中国则是精神的理解处于主流的地位。尽管在历史上无论中西方，德性的研究都包含着理性研究和精神研究的两大传统，且各自都发挥着它们的学术研究价值和实践行为价值。而在现代社会到来以后，严格来说是在近现代社会到来以后，理性成为人们思想行为的依据，大到重大事务的抉择，小到人们的日常生活都需要理性的指导。中国社会在进入现代社会后，一方面大量地学习了西方的各种理性主义理论，另一方面也逐步弱化对传统精神文化的坚守和研究，很多方面都已完全西化，运用现代西方的理性思潮来进行理论的研究和实践的行为指导。

马克思·韦伯在《新教伦理与资本主义精神》《经济与社会》等书中提出了工具理性和价值理性的概念，认为“工具理性是通过对外界事物的情况和其他人的举止的期待，并利用这种期待作为‘条件’或者作为‘手段’，以期实现自己合乎理性所争取和考虑的作为成果的目的；价值理性是通过有意识地对一个特定的举止的——伦理的、美学的、宗教的或作任何其他阐释的——无条件的固有价值的纯粹信仰，不管是否取得成就”[①]。即工具理性是利用外在事物的情况来达到一定的理性目的，价值理性是理性地对于某些价值的坚守，不在于是否取得一定的理性目的。赫勒的《碎片化的历史哲学》提出一个碎片化时代的到来，理性不再是一种整体的力量，而是对于各自领域的利益坚守。时代发展的今天，理性已成为人们思

---

① 马克思·韦伯. 经济与社会(上卷)[M]. 林荣远，译. 北京：商务印书馆，1997：56.

想行为的一种价值判断,在很多的情况下,人们都是受着工具理性的指引,而非价值理性,行为追求就是实在的利益和价值。这已经是全世界思想文化研究和发展的一个基本的现状。在这种理性主义的研究下,德性的获得和生成就仅是依靠理性的实践利益权衡,形成的就是某一方面的德性品质,而不是一个真正有德性的人。

在现代性理性的条件下,德性的研究往往会受到工具理性的影响,将人的外在利益和权利融入德性论中来,建立起德性的工具理性品质,认为德性的基础就是利益。同时德性的研究也变得非常的专业化,不同的行业、不同的部门也需要不同的德性。而这正是当前社会的理性诉求,要求不同的行业需要不同的德性品质。社会中各行各业的职业道德就是一个很好的证明。这种德性的理性主义研究成了现代德性的主流。其不再把人看作是一个精神的存在,运用精神的整体性概念来理解和研究人的德性问题,忽视人整体上的德性精神品质。事实上德性应该是一个整体性的概念,但当前社会的理性主义德性观正因理论和现实的依据牢牢地压制了德性的精神理解。德性的精神复归就成为理论研究的必要和现代性面临的重大课题。

第一章

德性的“理性”困境

德性在一直以来的研究里，都把自身建立在理性的基础上，尤其是在西方的哲学传统里，理性主义成了德性探究的主流。德性的话语权也牢牢地掌握在理性的手中，德性的获得与生成都是理性作用的结果。鉴于理性自身的判断、权衡、选择和调节的能力，德性在人身上往往会因不同的伦理学家、哲学家而得出不同的结论。从理论而言，确实存在着不同伦理学家的不同观点；从实践而言，也存在着不同观点的不同德性价值指向，这就构成了理性主义德性论的哲学困境。

第一节　传统德性研究的“理性”类型

传统理性主义德性论，主要是在西方的哲学文化中，得到了深入而全面的研究。很多的德性论者都把自己的理论建立在理性的基础上，而不是建立在情感主义、直觉主义、经验主义等非理性主义的基础上。由此产生出了很多理性主义德性论的思想及其不同的学术流派。而德性为何是理性、内在有哪些主要流派来进行支撑就成为传统理性主义德性论首先需要解答的问题。

一、德性为何“理性”

在西方哲学史上，伦理学的真正研究起源于苏格拉底，他关注的问题不再是自然界的构成和世界的本原，而是人的生活和什么样的生活是人值得一过的；同时将德性和理性建立起联系，或者说将德性的研究建立在理性的基础之上的也是苏格拉底。“人是一个理性的存在者”就是他的至理名言，这个对于人的定义成为了古希腊，乃至整个西方哲学史的经典阐述。随后的理性主义伦理学家、理性主义德性论者都把人看作是一个有理性的存在者，并运用人的理性来思考人的理论和实践行为问题。

理性是什么？根据古希腊哲学家们的理解，尤其是苏格拉底、柏拉图和亚里士多德的理解，理性包含在灵魂和逻各斯（logos）当中，德性的经典描述就是过有灵魂、有理性的生活。理性和灵魂在很多情况下是一个可以互换的概念。而在柏拉图和亚里士多德的理解里，柏拉图把灵魂分为了理智、激情和欲望三个部分，理智在灵魂的构成中起着主要的作用。亚里士多德把灵魂分为了理性部分和非理性部分，非理性部分包括感觉、知觉和欲望，理性部分成为灵魂的主宰。由此理性在一般的理解里，就是一种推理、选择、判断、权衡和调节的能力，内在包含着善的取向。人的感觉、欲望和情感就不能成为德性的真理，而是人的德性需要克制的东西。

如因对欲望的克制而获得一种节制的德性。理性就在伦理学、德性论的研究中扮演着举足轻重的角色,"在理性就是推理能力或者推断能力的意义上,没有任何伦理学理论否认理性在伦理判断的形成中起到作用"①。自古希腊的德性论思想后,理性主义德性论得到了很好的继承和研究,其中有著名学派的理论研究,如犬儒学派、斯多亚学派,有著名哲学家的理论研究,如笛卡尔、斯宾诺莎、康德和黑格尔,康德和黑格尔的研究成为理性主义德性论的顶峰之作。还有当代的一些哲学家的研究,如麦金泰尔和罗尔斯的理性主义德性思想。

近现代社会到来以后,在西方的哲学史上也出现了一些非理性主义的伦理学理论和流派,最典型的就有情感主义伦理学和经验主义伦理学。这些理论认为伦理学应该是非理性主义的,人的道德、德性应该建立在情感、直觉、经验习惯的基础上,把人的道德问题归结为情感和习惯问题。情感主义主要以沙夫茨伯里、亚当·斯密和休谟为主,经验主义主要以托马斯·阿奎那、洛克、贝克莱和休谟为代表。其中情感主义伦理学对于理性主义伦理学的冲击是最大的,成为非理性主义伦理学的主要论证观点。情感主义伦理学家认为,人天生就是情感的动物,不仅人,甚至动物天生就具有同情之心和怜悯之心,看到自己的同胞遭遇困难或遇到险情的时候都会进行救助,内在产生出一些本能的互助情感。情感就构成伦理和道德的基础。人的德性的产生和获得同样建立在情感的基础上,仁爱、良心就由人的内在情感产生出来而具有一种道德品性。

情感主义伦理学和经验主义伦理学虽然在近现代的社会也产生了一定的影响,直至今天的伦理学研究依然包含着很多合理的要素,但它影响的范围始终是有限的。人的情感、直觉、经验始终包含着很多感性的因素,感性因素的直接性、任意性和不稳定性特征始终是人的行为获得普遍价值的障碍,包含着很多任意性和随意性的内容。人始终存在着感性与理性、神性与兽性的差异,人的感性、兽性的确包含着很多不确定,甚至为恶的性质,这是人无法超越的。尽管情感主义和经验主义伦理学的非理性主义论证存在着很多的合理性,却始终未能成为伦理学研究的主流,动

① [英]布劳德. 五种伦理学理论[M]. 田永胜,译. 北京:中国社会科学出版社,2002:214.

摇理性主义伦理学的地位。“从目前的情况看，非理性主义的观念和方法对当代西方德性思想的影响并不大，当代思想家仍然诉诸理性思考和探索德性问题，仍然把德性看作是人理性的体现，看作是人的实践理性或道德智慧的结晶。”①因此，德性研究的基础从历史到今天诉诸的都是理性主义的主流理解。

二、德性的“理性”类型分析

在西方传统的理性主义德性论研究中，存在着很多种理论，不同的理论都从不同的角度来论证人的德性问题，同时也不断地丰富对德性论的理解。古希腊的苏格拉底首先提出人是一个理性的存在者，人因有理性才能称其为人，也才变得高尚，活得有意义和价值。理性在人的行为和德性形成的过程中起着基础性的作用。苏格拉底的著名德性观点：德性是一，德性即知识，没有人故意地犯错，也没有人自愿地犯错。为什么德性是一而不是多、德性即知识？原因在于人内在有理性的作用，理性会让人的行为具有向善的倾向和道德的价值。柏拉图继承了苏格拉底的德性思想，把德性看成是善的体现，把德性看作是理性作用的结果，主张德性不是天生的，而是通过后天教化的结果，提出了古希腊的四元德理论。其中不论是苏格拉底的德性理论，还是柏拉图的德性理论，都包含着一个内在的诉求，那就是幸福。人为什么要拥有德性？从功利的角度而言，是因为人们相信拥有德性会使人获得幸福。亚里士多德作为古希腊德性思想的集大成者，其拥有丰富的德性理论，理论的基石就是人是一个有理性的存在者，或理性是人特有的活动方式。幸福是人的最高目的和最高的善，人的所有行动都指向这一目的。而幸福是过有德性的生活，亚里士多德理性主义德性论的目的就是促进幸福的实现。目的论成为亚里士多德德性论的特征。同时也包含着整体主义德性论的内容，为整个城邦的利益而产生出来的一些道德品质。

随后的犬儒学派和斯多亚学派沿着古希腊的理性主义德性论传统来

---

① 江畅. 西方德性思想史(古代卷)[M]. 北京：人民出版社，2016：23.

讨论德性的问题。伊壁鸠鲁抛弃了理性主义伦理学的理路，提出自己的快乐主义思想，认为快乐、顺应自然的活动是人最应该追求的东西，主张快乐即善。在经历了漫长的中世纪之后，近现代文明兴起，人们最先树立起了对理性、主体利益和主体权利的思考。“人是一个理性的存在者”成为很多文艺复兴思想家的理论立足点，包括很多自然法学派的哲学家都把人的理性作为了他们理论的成立依据。人人都是一个独立的、有权利、有尊严的存在，人们为了很好地在一起，契约论伦理学就诞生出来，形成一种规范理论，人人都理性地让出自己的权利，也理性地遵从契约规范，形成一种崇敬和遵从的德性品质。与此同时，功利主义伦理思想也诞生出来，把功利看作人行为的标准，快乐和幸福成为人的行为的理性指向。义务论反对把人行为的目的归结为幸福，从义务法则和实践理性的角度阐述了自己的普遍内涵，指出义务法则的普遍性和人的自由法则的实现问题，德性成为一种对义务法则的遵从而产生出来的力量，内在要求克服人的感性偏好、感性情感和感性幸福，使得理性主义德性论获得了最高的论证。由于人行为的实践性和实用性，实用主义哲学、实用主义伦理学也在近现代诞生出来，成为现代美国的一种官方哲学，注重从经验、实验的角度来对问题进行理性的求真。当代的社群主义哲学、社群主义伦理学在对“现代性”问题的批判上，从共同利益、整体利益的角度来建立自己的理论，主张德性是基于共同利益、内在利益的善的品质。

以上西方传统理性主义哲学流派，哲学家对于伦理思想、德性理论的阐述，大致可以包括亚里士多德的德性理论、契约论伦理学、功利主义伦理学、康德的义务论伦理学、实用主义伦理学、社群主义伦理学。由于不同理性主义伦理学思想的复杂性和差异性，单纯从个别伦理学家的思想无法概括出理性主义德性论的思想内容。如亚里士多德的德性思想就既有目的论的特征、也有整体主义的特征。于此，理性主义德性论根据其内在的特征就可以这样来进行概述，亚里士多德德性思想中的目的论就可以与功利主义伦理学的目的论合并成理性主义德性论的目的论阐述，内在涉及人行为的目的和后果；康德的义务论伦理学成为理性主义德性论的独立一派，内在涉及人行为的动机；契约论伦理学和现代的一些规范伦理思想合并成规范伦理理论，涉及人行为的规范问题；亚里士多德德性论中的整体主义思想与社群主义伦理思想合并为整体主义伦理理论，涉及人行为的整体利益和共同利益问题；实用主义伦理学成为一个独立的理性主义流派，涉及人行为的实践求真问题。这样从整体上一方面涉及人行为的动机和目的问题，另一方面也涉及人行为的规范、整体利益和实践的真实性问题。传统理性主义德性论就从目的论、义务论、规范论、整体主义和实用主义五个方面来进行阐述。

第二节　五大理性主义德性论及其矛盾

从传统理性主义德性论的五大理论来看，目的论讲述理性主义德性论的目的指向，义务论讲述行为的普遍准则及行为的动机问题，规范论讲述行为的外在依据，整体主义讲述人行为的整体利益和共同利益问题，实用主义讲述人行为的实践确证问题。各种理论观点及其矛盾思想，构成了传统理性主义德性论的优缺点。

一、目的论

目的论在西方的历史上由来已久，简单的理解就是人的所有行为都必然要具有一定的目的或是达到一定的效果。在人是一个理性的存在者的前提下，西方历史上的哲学家们对此进行了大量的阐述。古希腊的亚里士多德首先开启了目的论论证的先河。在《尼各马可伦理学》一书的开头就指出：“每种技艺和探索，与每种行动和选择一样，都显得是追求某种善，所以人们有理由把善表示为万事万物所追求的目标。”[①]即善是人的实

① [古希腊]亚里士多德．尼各马可伦理学[M]．邓安庆，译．北京：人民出版社，2010：38.

践活动和万事万物活动的目的。这里的善就是一个非常宽泛的概念,既可指一切器物方面的善的取向,也可指人的行为方面的善的内核。在不同事物的活动目的里,当然也拥有着不同的善。亚里士多德由此又提出在不同的目的里拥有着主导性的目的,其他的目的都从属于它,不同的善里拥有着最高的善,其他的善都从属于它。那种因自身而被欲求的东西就是最终的目的、最高的善。

最高的善是什么?那就是幸福。幸福就成为人实践活动的最终目的。而幸福是什么?亚里士多德认为健康、财富并不等于幸福,幸福自身是完满而自足的,是人追求的最高的目的善。人在实践中获得幸福,就不是靠运气的偶然恩赐,“幸福对于许多人也是以相同的方式可以达到的,因为所有人,只要他们的德性没有残废,都能够经过教导和关怀而达到它。”①幸福就是通过德性和某种教导、学习、训练而获得。准确地说“幸福是灵魂合乎德性的活动”②。幸福就不仅是人德性活动的目的,还是人理性活动的目的。德性又怎么理解?亚里士多德从灵魂观的角度,将人的灵魂分为了非理性部分和理性部分,非理性部分就是感觉和欲望,理性部分就是人的推理、判断、选择等能力。在理性的部分中又分为理论理性和实践理性,理论理性探究事物的本质性问题,实践理性探讨实践活动、行为习惯中的问题。同时依理性的这两种分类,德性也相应地分为理智德性和伦理德性。理智德性需要理性的教导来培养和形成,伦理德性需要理性在习惯中把握。智慧、明智等属于理智德性的内容,勇敢、慷慨、大方、节制等属于伦理德性的内容。而伦理德性的获得需要实践中的中道抉择。如勇敢是懦弱和鲁莽的中道,慷慨是吝啬和浪费的中道,理性需要排除恶的两端,由恶的两端向中间趋近最合适的点,真正的德性才能获得。

亚里士多德从理性主义的角度,阐述人的最高目的是为了获得幸福,人的内在目的是为了获得德性,过有德性的生活。德性是人必须要具备的内在品质,理性在人获得德性的过程中起着选择、判断、权衡和克制的

---

① [古希腊]亚里士多德. 尼各马可伦理学[M]. 邓安庆,译. 北京:人民出版社,2010:63.

② [古希腊]亚里士多德. 尼各马可伦理学[M]. 邓安庆,译. 北京:人民出版社,2010:64.

作用。亚里士多德的这种理性主义德性论的目的就是为了获得幸福，德性构成人幸福的内在条件。近代的功利主义思想家们在亚里士多德目的论思想的影响下，提出了自己的功利主义目的论思想。早期的功利主义哲学家边沁认为，人的道德体系的标准就是快乐和痛苦，趋乐避苦是人行为的最终目的，人行为的目的就是为了获得快乐。但边沁所说的快乐并不是简单意义上的快乐、个人的快乐，而是一种总体上的快乐，即让大多数人的快乐得到增加、痛苦得以免除。所谓功利，“意指一外物有利于当事者求福避祸的那种特性，由于这种特性，该外物就趋于产生福泽、利益、快乐、善或幸福，或者防止对利益攸关之当事者的祸患、痛苦、恶或不幸”[①]。功利简单地说来，就是增进当事者的快乐和福祉，减少和防止当事者的痛苦与恶。由此得出功利的原则就是，“当我们对任何一种行为予以赞成或反对时，我们看取的是该行为增多还是减少当事者的幸福”[②]。功利主义的基本原则就成了促进最大多数人的最大快乐或最大幸福。边沁的理性论证方式就是每个人都有自己的个人利益，而个人利益的获得离不开他人的利益和社会的利益，个人在考虑个人的利益时，必然要考虑他人的利益，他人利益与个人利益是紧密相依的。整个社会的利益由一个个的个人利益组成，促进大多数人的最大快乐和幸福也是更好地促进个人的快乐和幸福。功利原则是人的理性的必然追求，也是法律制度的源泉和任务。人的所有道德行为都在于促使最大多数的最大快乐和幸福，德性就在这一道德行为中体现出来，为大多数人幸福目的的实现而产生出一种善良、奉献的道德品质。

密尔在边沁的功利主义思想基础上继续对功利主义进行研究，将边沁的功利原则“最大多数人的最大快乐”改为“最大多数人的最大幸福”，并认为它是人各种道德生活的根本所在，行为的正当就在于不断地增进幸福，不正当就在于减少幸福或产生痛苦。增进他人幸福就成为人行为的内在目的。而为什么增进他人的幸福会成为人行为的目的？密尔的理性论证思路就是，个人幸福和社会幸福是紧密相连的，没有社会幸福、他

① 唐凯麟．西方伦理学名著提要[M]．南昌：江西人民出版社，2000：226.

② 唐凯麟．西方伦理学名著提要[M]．南昌：江西人民出版社，2000：226.

人幸福，就没有个人幸福，整个社会也会变得混乱。个人需要做的就是增进他人、社会的幸福。但在人增进他人幸福的过程中，德性处于什么样的位置？密尔认为：“人们之所以追求德性，或者是因为意识到它是一种快乐，或者是因为意识到没有它便是一种痛苦，也许可能两种原因都有。”[①]德性内在的无私、善良会促进他人获得幸福，人拥有德性的目的就是为了更好地实现他人的幸福。约翰·穆勒的功利主义思想也对这一观点进行了进一步的论证。其认为功利就是最大的幸福原理，幸福之所以是人行为的目的和道德标准，在于幸福本身就是一种善，每个人的幸福对于他自己而言是一种善，公众的幸福对于大众而言是一种善。其中公众的幸福或最大多数人的幸福是最大的善，是人最应该追求的。幸福就理所应当成为人行为的最终目的和人实践的道德指向。在人的道德行为中，幸福和德性又是怎样的关系？穆勒认为“快乐和痛苦几乎不可分离，而总是结伴而行的，一个人若因具备某种程度的美德感到快乐，那么他就会因不具备更多的美德而感到痛苦”[②]。德性是因使人感到快乐和幸福才被人追求，德性的目的就是为了让人获得幸福，或是最大多数人的幸福。

从传统西方理性主义德性论的经典目的论论证可以得出，德性的获得是一种理性的要求，或者说是理性对于自身感性欲望的克制和外在利益的服从而诞生的。亚里士多德认为，德性是使一个人自身状态好的同时又能够出色地完成他的工作，德性的获得一方面需要理性对人身上的那些感性欲望的克制，另一方面需要实践中的中道抉择。人获得德性的目的是成为一个有德性的人，但最终的目的是为了获得幸福，因为对人而言，幸福是最终的目的和最高的善。功利主义的思想家们也提出幸福是人的善和人行为的最终目的，因为幸福是善，是各种道德生活所要追求的目标，增进大多数人的幸福是人的基本目的。德性内在体现出来的善良、节制、正义都将成为幸福的条件。行为中的德性表现或德性的追求就是为了获得幸福，同时增进大众的福利。理性主义德性论的目的就是让人获得幸福。

---

① 唐凯麟．西方伦理学名著提要[M]．南昌：江西人民出版社，2000：290.

② [英]约翰·穆勒．功利主义[M]．徐大建，译．上海：上海人民出版社，2008：39.

然而,一个问题是,德性在自身的生成过程中,理性主义的目的论是如何促进它生成的？目的论的一个内在的标准就是善,无论是亚里士多德还是功利主义思想家都持这样的观点。一切行为都是为了善或达到善。德性自身也是为了达到善和成为善,只不过这种善的达到需要德性做出相应的努力。按照亚里士多德的说法,德性只有在实践活动中才能够得以很好的体现。而在实践的活动中总是存在着矛盾,德性就是理性进行推理、判断、选择和权衡而达到的一种中道品质。内在克服那些因人的感性因素或外在因素而导致的两种恶的状态。功利主义的德性论思想也是在理性克服人的感性任意性之后而产生出来的道德品质,成为趋向功利和幸福的重要保障。理性主义目的论视域下德性的获得就是依理性对于人感性因素的克服和实践活动的指向而产生的,其德性产生的目的是为了幸福的实现。这就会产生两方面的问题和矛盾。

一方面,德性是理性对于感性因素的克服以符合幸福的目的,另一方面,幸福是德性的唯一目的。前者讲的是德性对于人是存在的,但德性的获得却需要一定的条件,就是理性的实践活动,将人的感性因素加以克服,形成一种稳定的善的品质,以促进幸福目的的实现。这里的困境就是德性依理性的力量而获得,也依理性的要求而趋向幸福,完全忽视了感性自身的作用和德性自身的目的。后者讲的是人的所有目的和善都理性地指向了幸福,那么一切的存在都是为了幸福的实现,德性也是为了幸福能更好地实现而存在的。简言之,拥有幸福才会拥有德性,幸福即德性。这里的矛盾在于幸福并不能成为德性追求的唯一目的,拥有幸福也不一定就能够拥有德性。

理性主义目的论在总体上是把目的看作最重要的东西或唯一的东西,按照西方传统理性主义的哲学传统,这个目的就是幸福。人的一切行为的意义和价值都在于能够理性地归于幸福,幸福就成为人行为的宗旨和意义。而幸福是什么？按照亚里士多德的说法,“幸福看起来是完满而自足的善,是所有行为的终极目标”①。幸福就是一种完满而自足的状

①[古希腊]亚里士多德.尼各马可伦理学[M].邓安庆,译.北京:人民出版社,2010:54.

态。按照功利主义思想的说法,“所谓幸福,是指快乐和免除痛苦”[1]。幸福就是一种快乐的满足状态。理性主义目的论把幸福看作唯一的目的,虽然幸福是一种很好的满足状态或善的实现状态,但幸福本身也包含着很多感性的因素和主观的因素,这使得幸福很难通过内在和外在的东西体现出来。把幸福当作最大的目的或唯一的目标,可能就忽略了幸福的前提、动机和手段。如功利主义的幸福目的论,根本的行为指向就是最大多数人的最大幸福,往往就会忽视少数人的幸福,甚至完全漠视少数人的利益和幸福,只论幸福目的的实现,不论幸福的动机和手段问题。

这种理性主义目的论所包含的德性问题,不光是德性的获得需要理性对于人身上基本感性因素的诸多克服,德性的实现也还需要理性推向幸福的目的,并成为幸福的条件。德性的理性指向就是人的幸福目的,或者说拥有德性就是为了获得幸福。内在地,必然要求德性理性地遵从幸福的法则,而这就会产生很多的问题。幸福是否真的能成为德性追求的最终目的,德性是否只有目的善而无前提善和动机善?显然,就人的德性和幸福而言,幸福可能是德性追求的一个目的,但并不能构成唯一的目的和最终的目的,德性除了追求结果善外,还追求内在善和动机善。传统理性主义目的论的德性矛盾概括起来就是,只追求德性的幸福目的,忽视德性的动机和前提。

二、义务论

义务论在西方的思想史上由来已久,早在古希腊时期,义务就是做义务所要求要做的事,德谟克利特认为义务就是按公正去做的事。在柏拉图和亚里士多德那里,义务就是履行自己的职责,在实践中践行自己的德性,做一个理性所要求的具有德性的人,维护城邦和社会的利益。奥勒留在《沉思录》一书中指出人有三重义务或责任,“对神要敬重、服从,保持虔诚;对他人要履行社会职责,做到仁爱、公正;对自己要遵循自然,管理好自己的心灵,实行节制”[2]。从中可以看出,人的三重义务是对神的敬重和

① [英]约翰·穆勒. 功利主义[M]. 徐大建,译. 上海:上海人民出版社,2008:7.

② 唐凯麟. 西方伦理学名著提要[M]. 南昌:江西人民出版社,2000:87.

虔诚，对社会、他人的仁爱、公正，对自己的欲望节制。而对于义务是什么，它的哲学根据在哪里，很多的哲学家都没有进行很好的解答。康德就是对于义务论从哲学、伦理学视角阐述最为深刻的哲学家。

康德的哲学有人将它称为义务论，这样的叫法在学界存在着一定的差异，但不管怎样，康德的哲学绝对是最深刻的阐述了义务论的。康德对于义务或责任的论述从善良意志开始，他认为“在世界之中，一般地，甚至在世界之外，除了善良意志，不可能设想一个无条件善的东西”[①]。那些勇敢、忍耐、明智、判断的品质，如果它们的意志是不善良的，就可能是一种不好的品质，甚至是一种坏品质。“善良意志，并不因它所促成的事物而善，并不因它期望的事物而善，也并不因它善于达到预期的目标而善，而仅是由于意愿而善，它是自在的善。”[②]善良意志所希求的就不是一种目的善或结果善，而是一种自在善，意愿善和动机善。人的理性就是去促进善良意志的实现，最终将自身变成善良意志的行为能力。但在实践的过程中，理性如何推动善良意志的实现，在实践中什么东西能够无条件地按照善良意志去行事？康德认为这个东西就是责任或义务，只有义务才是善良意志概念的体现。由此得出了义务或责任的三大道德命题，第一个道德命题是：“只有出于责任的行为才具有道德价值。”[③]为什么只有出于责任的行为才具有道德的价值？康德认为出于责任与合乎责任是有着本质的区别的。合乎责任只是符合责任的要求和预期的责任后果，如商人之所以童叟无欺是为了获利。出于责任就完全清除了人的这些感性的欲望，完全按照义务法则的要求办事。如对他人生命和人格的敬重就是一个出于责任的命题，具有完全的道德价值。

第二个道德命题是：“一个出于责任的行为，其道德价值不取决于它所要实现的意图，而取决于它所被规定的准则。”[④]意思就是人依理性而出于责任做出的行为，它的道德价值不在于意图的实现、结果的达成，而在于行为所遵循的准则，与人的欲望对象和感性质料无关。这就强调了行

---

① [德]康德．道德形而上学原理[M]．苗力田，译．上海：上海人民出版社，2012：6.
② [德]康德．道德形而上学原理[M]．苗力田，译．上海：上海人民出版社，2012：7.
③ [德]康德．道德形而上学原理[M]．苗力田，译．上海：上海人民出版社，2012：12.
④ [德]康德．道德形而上学原理[M]．苗力田，译．上海：上海人民出版社，2012：12.

为动机和准则的重要性。紧接着的第三个道德命题就是:"责任就是由于尊重(Achtung)规律而产生的行为必要性。"[①]责任或义务出于对规律的尊重就成了人行为的必然性。人们只有出于责任或义务,并按照义务的规律行事,行为才具有道德的价值和普遍的价值。而责任或义务的规律是什么?那就是定言命令,它的内容就是:"要只按照你同时认为也能成为普遍规律的准则去行动。"[②]责任的命令就是按照普遍规律去行动,使人的意志准则永远出于道德规律,排除人的感性欲望、感性情感和幸福。而在义务法则的实践践行中,内在依靠什么样的力量或什么样的品质来完成和达到?那就是德性。

德性是什么?康德在《道德形而上学原理》一书里明确地提出:"德性就是人在遵循自己的义务时准则的力量。"[③]德性就成为一种出于对义务法则的遵从而产生的道德力量,这力量来自哪里,理性要求人们遵从义务、按照义务的法则行事,行为才具有道德的价值,内在需要克服的就是感性情感、感性欲望和感性幸福的影响,或是清除它们的影响,人才能够在实践中践行义务法则,使行为具有真正的道德价值。义务的产生和实现就是理性对于感性偏好的克服和普遍规律的认识。德性作为一种道德力量在义务的法则下得以产生出来,并在行动中遵循义务的法则,产生良好的道德行为。德性的来源就同样是人实践理性的指向,在与人自身障碍和经验性的障碍进行对抗时产生的。德性力量的来源就与这些障碍有关,力量的大小也由这些障碍的大小来决定。德性的获得实际上就是理性对于感性欲望、感情情感和幸福克制而诞生的,以与义务的法则相呼应。

而具体来说,德性如何在实践中发挥出它的道德力量和道德价值?"德性论的至上原则是:你要按照一个目的准则行动,拥有这些目的对任何人而言都可以是一个普遍法则。"[④]意思就是德性必须要按照一个目的准则来行动,这是德性论的最高原则。这样德性才是基于人的内在自由和内在强制而产生的。这里的目的准则就是义务目的的准则,德性在实

---

① [德]康德. 道德形而上学原理[M]. 苗力田,译. 上海:上海人民出版社,2012:12.

② [德]康德. 道德形而上学原理[M]. 苗力田,译. 上海:上海人民出版社,2012:30.

③ [德]康德. 康德著作全集第6卷[M]. 李秋零,译. 北京:中国人民大学出版社,2007:407.

④ [德]康德. 康德著作全集第6卷[M]. 李秋零,译. 北京:中国人民大学出版社,2007:408.

践中形成的实际上就是一种德性义务。德性义务就是以义务目的为准则,服从的是内在自由的自我强制,而不是外在自由的法制强制。所以德性义务要求把自身和他人都当作目的而不是手段。从对自身和他人的角度,德性义务分为了对自身的德性义务和对他人的德性义务。对自身的德性义务又可分为完全德性义务和不完全德性义务,对他人的德性义务也可分为完全德性义务和不完全德性义务。德性义务于是在实践中就可以分为对自身的完全德性义务和不完全德性义务、对他人的完全德性义务和不完全德性义务四种。

对自身的完全德性义务就是在理性上要求对于义务法则的绝对遵从,不允许有例外发生的德性准则。如人在动物性上虽然不是一种优秀的体现,但保护肉体的整体存在和健康存在却是第一义务。人没有肉体上的存在或肉体上的很好存在,人的一切价值都将化为乌有。自杀就是绝对被禁止的行为,人即使在最困苦的条件下,也不能选择自杀。自杀就是对生命的完全不敬重。这从反面说明对自身的完全德性义务就是对自身生命及其价值绝对敬重的德性准则。对自身的不完全德性义务就是理性要求允许有例外发生的德性准则,德性的完善程度取决于自身的发展。如人在道德完善性上,道德的意图和目的是要求人遵从道德和发挥道德的价值,但现实的人往往是从一种完善到另一种完善,每个人的完善程度因为个体的因素也不一样。至于人能完善到什么样的程度,完全依靠个人的努力。对他人的完全德性义务就是对他人生命及其价值尊重的德性准则。如见死不救、见危不救就是对他人生命的不尊重,对他人的完全德性义务就是要杜绝这种事情的发生,对他人的生命及其价值真正的敬重。对他人的不完全德性义务就是对他人应尽的德性义务,至于所尽德性义务的程度因人而有大小之分。如对他人行善的德性义务、感激的德性义务和同情的德性义务,行善、感激和同情都是人应该具有的德性品质,也是人必须要具有的德性义务,但它们的前提和效果会因自身因素和他人因素的不同而显现差异。行善的德性义务对于道德水平高、理性管理能力强的人来说,行善就比较彻底,而显现出真正的德性力量。感激和同情如是。

这样从西方传统的经典义务论角度来理解理性主义的德性论，可以看出义务论主要表现为动机论，这源自康德义务论的著述和论证。义务论要求人们按照普遍的法则行动，将普遍的法则作为自身行为的充分动机，要求一切行为都出于义务、法则毋庸置疑的权威。假如一个行为准则不能变成普遍的法则，就不要采取行动，否则行为就不具有绝对的道德价值。人的理性行为就是促使道德规律得到遵守。属于人的德性在人理性地遵从义务法则的情况下，呈现出来的是一种道德的力量。这力量的起源和结果都来自与自然冲动、感性情感和感性幸福的理性对抗。德性的获得和德性义务的践行实际上是理性对于自然冲动、感性情感和感性幸福的抑制，康德的德性力量实际上就是一种理性力量。

而德性作为一种道德力量，内在来源于理性地对于义务法则的遵守，而义务的法则是通过对人感性偏好的克制和经验习惯的战胜而确立的，德性的真正获得实际上也是理性对于人感性因素的克服和经验习惯的摒弃而产生的。德性必须要克制感性偏好、经验习惯的影响，自身才能生成。这是义务论视域下德性论的基本观点。它同时就会派生出自身存在的诸多内在矛盾。这些矛盾主要可以表现为，从人的感性欲望来说，感性欲望固然拥有着任意性，德性的获得完全要理性地克制它们，就忽视了感性欲望对于人道德行为的积极影响；从人的感性情感来说，德性要理性地摒弃感性情感的影响，忽视了人的情感在道德实践中的积极作用；从人的感性幸福来说，义务论视域下的德性论同样是摒弃人的感性幸福的，而幸福无论是对于人的生活还是对于道德价值的实现都是不可轻视的，这基本是一个常识性的道理；从人的经验习惯来说，德性要理性地摒弃人的经验习惯，而人无不生活于一定的经验习惯中，经验习惯对于德性的培养和道德价值的践行都有很大的帮助。

具体来说，德性是如何摒弃人的感性偏好而产生出内在的矛盾？义务论的观点就是行为必须要无条件地遵守道德规律，因为只有这样行为才具有真正的或纯粹的道德价值。德性的获得和产生也必然要理性地遵从义务的法则，内在克服人的感性偏好。康德认为：“一切原则或者是经验的，或者是理性的。前者以幸福原则为出发点，以自然的或道德的情感为依据；后者以完善 Vollkommenheit 原则为出发点，它或使完善的理性概念发生可能的效用，或者使独立的完善性、神的意志，为决定原因。”[①]经验的原则可以说包含了人的感性偏好的内容，包括感性情感、幸福和经验习惯。义务论当然是要求以理性的原则作为行为的准则，并用理性的作用去排除经验的影响。在德性的生成过程中，感性情感之所以要排除，是因为情感来自人的自然本性，自然本性拥有着激情、情欲等东西，会产生很多的恶习，偏离道德的本质，同时对于道德法则的遵从也拥有很大的随意性，德性必然要求理性地对它们进行控制。感性幸福之所以要排除，是因为幸福是“一个有理性的存在者对于不断伴随着他的整个存在的那种生命快意的意识”[②]。即幸福就是满足人感性需要的东西。感性需要就具有很大的随意性和很多的变化性。另外，“个人幸福之所以必须排斥，并不仅仅因为这个原则是虚假的，经验已经证明，人的处境良好，他的行为也随之良好的设想，是完全站不住脚的”[③]。即一个幸福的人并不等于对他人的行为就是善良的和道德的。德性必然要理性地排斥幸福及其影响。经验习惯之所以要排除，是因为经验习惯只具有一定的时效和阶段性特征，并不具有普遍的性质，德性也必然要排斥经验习惯的影响，使行为具有普遍的道德价值。但人的德性、真实的德性是不是一定要理性地排除感性情感、感性幸福和经验习惯的影响？

就人是一个整体性的存在者来说，人的理性、神性固然重要，但人的感性、经验习惯也很重要。义务论自身也同时认为，对人来说拥有幸福至少是人的间接责任，“保证个人自己的幸福是责任，至少是间接责任，因为对自己处境的不满，生活上的忧患和困苦，往往导致不负责任”[④]。可见幸福对于人遵守义务的重要性。义务论视域下的德性思想却由理性对于感性情感、感性幸福、感性欲望和经验习惯的克制与排斥构成。而就人的德性来说，德性的生成固然需要理性，但同时也需要感性的作用。从感性情感方面来说，人的情感也是人成为高级动物的重要标志，很多情感主义的

① [德]康德．道德形而上学原理[M]．苗力田，译．上海：上海人民出版社，2012：48.
② [德]康德．实践理性批判[M]．邓晓芒，译．北京：人民出版社，2003：26.
③ [德]康德．道德形而上学原理[M]．苗力田，译．上海：上海人民出版社，2012：48.
④ [德]康德．道德形而上学原理[M]．苗力田，译．上海：上海人民出版社，2012：11.

思想家把情感说成是人行为的依据，人天生就具有一种道德情感，即拥有天然的同情之心和怜悯之心。尽管这样的说法也存在一定的问题，但至少指明了情感对于人的重要性。情感就自身来说，是人由内而外产生出来的一种心灵表达，它对道德的遵守和德性的生成必然有着重要的影响。一个具有良好情感的人，无论是对自身的修养，还是对于他人的关怀，道德规范的坚守和德性品质的生成都是有很大帮助的。德性的获得不可能完全排除情感的作用。从感性幸福方面来说，康德说幸福是一切爱好的总体，可以说幸福是人必须要追求的内容，现实的人都渴望得到幸福，这是一个不可争议的事实。由此可以判定出幸福对于人的行为的重要性，一个幸福的人和一个不幸的人对于社会规范、道德规范的遵守是存在着很大的差别的。德性论不可能完全排斥幸福的内容，相反，幸福会在一定程度上促进德性的生成，这也是德福问题一直争论不休的魅力所在。从经验习惯方面来说，托马斯·阿奎那认为德性就是习性，或一种习得性的品质，这种德性的获得需要经验习惯的作用。就事实而言，人无不生活于一定的经验习惯中，经验习惯对于德性的培育也是非常重要的。可以说没有经验习惯的实践作用，人的德性品质是很难生成的。这由此导致了义务论视域下德性论的内在矛盾。

因此，义务论讲求的是理性地对于义务法则的遵守，追求行为的普遍价值，内在克制和消除感性欲望、感性情感、感性幸福和经验习惯的作用。德性的获得和生成也是理性地对于义务法则的遵守，内在排斥它们的作用而形成。这固然是一种很好的德性理论，将德性在与各种感性偏好的冲突中产生，清除各种感性偏好对于德性的影响，形成一种纯粹的道德力量和道德品质。但这样是不是就能保证德性的生成，以至于不会产生内在的矛盾？人是一个包含理性与感性的存在者，一味强调理性对于感性偏好的克制来产生人的德性，完全忽视感性因素的积极作用，就会不可避免地产生德性论内在的矛盾困境。这表现在忽视感性情感、感性幸福和经验习惯对于德性培养与生成的重要性，而事实上它们对于人的德性的影响也是非常大的，很多现实的德性行为直接依据它们而发出。

三、规范论

规范论在西方的理性主义传统里拥有悠久的历史，早在古希腊时期，柏拉图和亚里士多德就对其进行过深刻的阐述和论证。虽然在总体上理性要求的是人要成为一个具有德性的人，以及如何具有德性，但在整体上人是城邦的人、社会的人，人就还必须要尊重城邦制度和社会规范。柏拉图在《理想国》中深刻地讨论了个人正义和城邦正义的问题，在古希腊的四大德性即智慧、勇敢、节制和正义中，前三者都主要是个人的德性问题，正义却具有特殊的含义，那就是城邦正义和社会正义。在四大德性的主次上是正义统摄了其他三大德性，因为城邦的正义是最大的德性，政治学是最高的科学。由此引申出来的就是城邦的规范对于人的重要性，一个人的最大的德性就是按城邦所规定的事务去做事，也就是按照整个社会的规范去工作。亚里士多德在《尼各马可伦理学》中也接着讨论了这样的问题。认为正义是德性的整体，因为正义不仅包含个人的成分，还包含着城邦的成分，更多地属于政治学研究的范畴。而政治学高于一切科学，其他学科包括伦理学都从属于政治学。一个人正义的实现是按照正义的人所具有的品质去行动，一个人最大的德性是按照城邦的正义去行事，促进城邦正义的完善和实现。而城邦正义的内在内容就是法律制度。人就要按照城邦的社会规范去行动才能具有真正的德性，也才成为一个真实的人。

随后规范论在西方社会得到了大量的研究，在经过漫长的中世纪岁月之后，近代社会的到来，自由、平等、博爱的思想逐渐成了人们追求的价值共识。理性主义的思想得到了更深入的研究。就规范论而言，契约论思想开始得到很多哲学家的研究。霍布斯和卢梭就是伟大的契约论思想家，尤其是卢梭的社会契约论思想更是契约论的代表。他认为人在自然的状态下，人人都是平等的，谁也没有地位、权力之分。但在这种情况下也是无所谓道德和义务的，导致的情况就是大家都依靠自然的禀性生活，没有利益的纷争，或是陷入霍布斯所说的一切人反对一切人的战争状态。由于人的自然本能是自利的，而社会秩序的维持又需要利他性，卢梭就创立了自己的社会契约论思想。人如何实现利他，或是利他与利己的共存，理性的要求就是个人与他人建立一种契约的关系，将个人的权利交给一个整体来行使，保障每个人的利益，个人和权利组织、国家都按照契约的规范来活动，履行自己的职责。卢梭的社会契约论实际上想确立的就是一种公共利益的社会规范理论，要求每个人都按照社会规范的要求来履行自己的义务和职责，这样才能够享有社会组织的权利。人的德性就体现为内心的仁爱和为公共利益的奉献精神。

在康德和黑格尔的哲学思想里，理性对于人的绝对要求就是按照普遍的规律去行动，从一定程度上来说，也是按照普遍的社会规范去行动，因为人身上的感性偏好、任性决定了必须要如此行为，行为才具有道德的价值。中国历史上的伟大思想家荀子，认为人性是恶的，人生而具有一些本能的欲望，如好利、好色和好争等，人要想摆脱这种自然的欲望，去恶扬善，就要按照"礼"，即社会规范来行事。"礼起于何？曰：人生而有欲，欲而不得，则不能无求，求而无度量分界，则不能不争。争则乱，乱则穷。先王恶其乱也，故制礼义以分之，以养人之欲，给人之求。使欲必不穷乎物，物必不屈于欲，两者相持而长，是礼之所生也。"即"礼"的诞生源自对人自然欲望的节制，同时也反映出个人尊重社会规范，按照规范行为的重要性，德性行为的产生也由此体现出来。

而在近现代以后，尤其是工业革命的不断推进，社会的经济取得了很快的发展，小到国家的系统，大到整个人类社会的系统都变得异常的复杂。对于这个庞大机器的管理，规范论就发挥出了它应有的价值，各种研究也在各自学科里大量地开展起来。埃尔斯特认为："规范就是一种在考虑按某种特定的、禁止的方式行动时，会感觉羞愧或渴望他人认可的倾向。"[①]从合理性的角度来理解规范的问题，人在按照规范行动时考虑的是获得他人的认可。凯尔森(Hans Kelsen)认为规范是人意志行为的一种价值。规范论到如今早已经成为社会管理的核心思想，各种社会制度、法律制度、管理规则都是规范论的很好体现，人生活在现代的社会就必须要按

① [美]乔恩·埃尔斯特．社会黏合剂：社会秩序的研究[M]．高鹏程，译．北京：中国人民大学出版社，2009：109.

照各种社会规范行事。人的一些道德行为、德性品质也是从对这些社会规范的遵守中体现出来，如敬忠职守、爱岗敬业等就是当下社会提倡的良好德性规范。

从规范论的这些理论看出，就理性主义角度而言，它是人类理性产生出来的，人身上存在着很多的自然欲望和任性，这些感性因素的摆脱就需要人理性地遵从社会规范才能够得以改变，获得行为的价值。而人的德性的获得和体现也是由于人理性地遵从社会规范诞生出来，如对社会法律规范的遵守体现为敬重的德性，对各种规章制度的遵守体现为服从和尽责的德性。这种德性的获得就是对于社会规范的遵守，忽视了个体自身的主观能动性，这种理性主义规范论视域下的德性论就必然会产生自身的内在矛盾。

人是一个能动的有创造性的存在，规范论的这种理性主义德性论要求人理性地去遵从规范，并严格按照规范、规则去行事，得出来的只能是对于规范的服从，人在规范下所具有的德性也只能是服从、遵守和尽职尽责的品质。这就会产生对人和人的德性而言的内在矛盾。对人而言，人是一个社会性的存在，要生活于世间必然要依据大家的力量，任何单个人是不可能得以存在的。而在一个由人所组成的社会里和集体里，社会的运行就必然地需要一些规则，个人也需要这些规范来克服自己的任性，才能成为一名合格的社会成员，也才能成为一名合格的人。这时人所要想具有的就是遵守和服从社会规范的德性。对人的德性而言，固然需要对于社会规范、社会规则有基本的遵从，但一味地刻板遵守和理性服从，就把人当作了服从规范的工具，忽视了人有能动性和创造性的一面，也忽略了人的德性具有完善性的精神本性。理性主义规范论所注重的是人遵守和服从的德性，所忽视的正是人的德性的自身完善性。由此导致规范论内在的矛盾就是，规范论理性地要求人去服从、顺从、恪守和遵从，却忽视了人的创造性和德性的完善性，超越规则实现个人完善和社会规则完善的品性。

这种矛盾也是规范论和德性论长期以来的争论。“在德性论这儿，道德的基本问题是：应当做一个什么样的人？而在规范论那儿，道德的基本问题是:一个人应当做什么以及应当怎样做?”①德性论树立的是一种主观性的道德品质,追求的是一种内在品质;规范论要求的是应当做什么才符合社会规范的要求,追求的是一种外在品质。似乎德性论和规范论在内在的内容上就存在着一条鸿沟,德性论只注重内在的方面,规范论只注重外在的方面。从人的德性论和规范论来说,二者应该同时被人所具有,德性论并非只注重内在的品质,同时还需要遵从社会规范的外在品质。规范论不能只注重外在的品质,而不注重人的内在品质和内在涵养。规范论只注重要求人理性地去遵从规范,做符合规范、规则的事情,由此形成一种顺从、服从、遵守、守则的德性品质。这就忽视了德性品质的内在要素,依人的主观能动性而具有的创造本性。理性主义规范论的德性思想崇尚的就是德性对于社会规范和规则的理性遵守而形成的一种守则和服从的品质,却忽视了德性的内在精神本性。由此构成了规范论视域下德性思想的内在矛盾。

四、整体主义

整体主义在理性主义思想的传统里拥有着大量论述和研究,在人类社会处于蒙昧初期的时候,人类就意识到,单个人无法在自然界取得生存,单个人无论从体能上还是智慧上都无法与自然界的猛兽和强大的自然力相抗衡,人类唯有团结起来形成一个整体才能生存下去。这是人类关于整体主义的最早的智慧。而后在人类社会的漫长岁月里,整体主义思想一直与人类相伴而生。在古希腊的思想家里,柏拉图就提倡整体主义的思想,他认为人必然要生活于一定的城邦之中,城邦可以说就是人最大的归宿。人也只有在城邦中才能获得自己想要的东西,个人按照城邦的要求去做事而具有的德性是最高的,由此增进城邦整体上的正义和幸福就是人完美德性的体现,这也是作为一个理性存在者最应该思考的问题。亚里士多德在其哲学思想中,认为政治学是最高的科学,伦理学只是政治学研究的准备。而政治学讨论的正是整个城邦的一些问题。个人属

---

① 崔宜明. 德性论与规范论[J]. 华东师范大学学报(哲学社会科学版),2002(3):96.

于城邦,个人的善和城邦的善比起来,城邦的善是最大的善,任何促进城邦善、正义、幸福的实现都是最崇高的。那种为城邦而操劳甚至牺牲的人拥有着最崇高的德性。整体主义在古希腊的哲学思想史上拥有着很高的地位。

西方在古希腊的整体主义思想后,逐渐转向了个人主义的研究,尤其是文艺复兴之后,理性主义的传统得到了很好的恢复,大多数的启蒙思想家都注重个人主义思想的阐述。认为人天生是平等的,个人需要追求的就是自由、平等和权利,并主张个人的这些权利是神圣不可侵犯的,使得人的个性自由、独立、开放得到了很大的解放。但尽管如此,随着近现代社会的到来,契约论、功利主义思想的诞生,也有很多的思想家又开始了整体主义思想的研究。个体必然属于整体,整体也必然由个体构成,这是社会存在的一个价值的共识。哲学家黑格尔就论述了他的整体主义思想,认为"国家是绝对自在自为的理性东西,因为它是实体性意志的现实,它在被提升到普遍性的特殊自我意识中具有这种现实性。这个实体性的统一是绝对的不受推动的自身目的,在这个自身目的中自由达到它的最高权利,正如这个最终目的对单个人具有最高权利一样,成为国家成员是单个人的最高义务"[①]。即国家是客观精神发展的最高阶段,也是人的自由和权利的最终归宿。国家对于个人而言拥有最高的真实性和实体性,个人的行为也必然要理性地从国家这个整体主义出发,履行对国家的义务并服务于社会。为此个人的最高荣誉和最高德性就是为国牺牲。黑格尔的这种整体主义思想对后来的研究产生了深远的影响。

整体主义在现代西方逐渐演化为集体主义、团体主义和社群主义,从整体的角度来理性地回答一些理论上和现实上的问题。最著名的就是社群主义的整体主义思想研究,他们的代表人物有桑德尔、麦金泰尔和沃尔策。桑德尔认为有三种共同体观念的存在,第一种由完全自私的动机所构成的共同体,被称为工具性的共同体;第二种由合作主体的实际动机所构成的共同体,被称为情感性的共同体;第三种由社会成员的共同体感和对共同体统一性的认识所构成的共同体,就是社群主义的共同体。它由

① [德]黑格尔. 法哲学原理[M]. 范扬,张企泰,译. 北京:商务印书馆,1961:253.

社会成员构成且社会成员以共同体为目标，实现社会成员和共同体的统一性。而对于社会成员来说，“共同体不仅表明了他们作为其成员拥有什么，而且也表明了他们是什么；不仅表明了他们所选择的关系，而且也表明了他们所发现的联系；不仅表明了他们的身份的性质，而且也表明了他们的身份的构成因素”①。即社群主义的共同体不仅注重成员主体身份的认同，还注重成员主体之间的和谐和整体的利益。沃尔策关注整体主义共同体共同善的问题，内在从分配正义的角度来研究社群主义，保证社会成员在享有公共设施等方面的公平性，促进社会成员的幸福。

麦金泰尔作为一个社群主义者，他不是从共同体和共同善的角度来对社群主义思想进行阐述的，而是从德性论的角度来进行阐述的。在他看来，德性的论述可以分为三大阶段，“第一，把德性看作是获得实践的内在利益的必需的品质；第二，把德性看作是有益于一整体生活的善的品质；第三，把德性与对人而言的善的追求相联系”②。第一阶段的德性可以理解为基于内在利益的品质，个人要获得德性就必然要在内在利益和外在利益之间进行权衡，只有理性地服从内在的利益才具有德性的品质；第二阶段的德性可以理解为对整体生活、整体利益有益的善的品质，意思就是德性的获得要促进整体生活、整体利益的实现；第三阶段的德性可以理解为对人的整体善的追求而具有的品质。总体上来说，德性就是一种善的品质，其获得必然要依靠理性在个体善、整体善，内在利益、外在利益，个体利益和整体利益之间进行实践的抉择，只有倾向于整体善、整体利益的德性才会真正生成。

由此整体主义思想理性地要求人们对于现实问题的思考倾向于共同利益、整体利益、整体善、整个社会的公平正义和幸福，但这并不是意味着就完全地放弃个人的利益、个人的善。它的理论基础就是个人属于一个社会、国家这个共同体，促进这个共同体的完善，为这个共同体付出是人实践的起点。由此体现出来的理性主义德性观，就是理性地促进社会整体利益、整体幸福的实现，尽责、奉献、牺牲就是它基本的德性品质。而这

---

① 转引自姚大志．当代西方政治哲学[M]．北京：北京大学出版社，2011：118.

② [美]麦金泰尔．德性之后[M]．龚群，戴扬毅，译．北京：中国社会科学出版社，1995：343.

种整体主义的德性观在当前的社会中都是显见的。

然而，整体主义视域下的德性论，就是对整体利益、共同利益的理性遵从，内在克服人的感性偏好而具有的一种善的品质。整体利益、共同利益是德性产生的前提和归宿，德性也因为对于整体利益的遵守而产生出一种高尚的品质。中国传统集体主义文化要求的就是对整体利益的遵从，很多优秀的德性品质如舍生取义、大义凛然都是从对民族利益的遵从中产生出来的。整体主义的这种德性思想固然存在着很多的价值，要求人们克服自身的感性冲动、任意性和个人的狭隘利益以对整体的利益进行服从，使人的行为体现出一种社会性和集体主义的色彩，懂得生活于一个共同体的重要性，同时把自己当作共同体的一个成员；甘愿为这个整体付出一切。这确实是整体主义带给人的一些积极意义。但人是否只具有整体主义的倾向，理性地克服人的感性偏好以对整体利益的服从而产生出来一种道德品质？答案当然是否定的，整体主义德性论必然会诞生出自身的矛盾和困境，只要求理性地克服人的感性偏好以对整体利益、共同利益的服从，就忽视了德性论的个体生成和普遍主义的指向，同时也忽视了德性论的个人利益和普遍利益取向。

具体来说，整体主义注重整体利益和共同利益，它的德性论也注重对整体利益和共同利益的服从和遵守，由此形成的就是一种具有公共性、利他性的道德品质。而内在为什么会产生出自身的矛盾？就在于德性论只注重对自身感性偏好的克服以遵从整体利益，忽视了个体利益和普遍利益。从个体利益方面来说，个体的存在和发展最基本的就在于个体利益的存在和保障，作为人的德性论应该包含着这样的视角，一味地对整体利益的遵守和忘我的付出，实际上依靠的是外在的东西来促进德性的生成。德性论的个人主义、个人利益视角就是从个人自身内在的角度来建立德性，从自身的内在来修成德性和完善德性。整体主义视域下的德性论必然会诞生出外在服从、遵守与内在修炼的矛盾。从普遍利益方面来说，人的德性也必然会涉及行为的普遍性问题，整体主义的德性论体现为对整体利益和共同利益的遵守。但这种整体利益是否具有普遍性？很多的整体利益明显地只代表了某一个组织和群体的利益，不具有普遍性和为普遍利益的考虑的性质。如现实往往是某一集体、某一集团、某一国的整体利益,个人的德性在于为他们的付出和奉献。德性作为人的一种道德品质,必然会涉及普遍利益,一种普遍的德性不光是为某一集团、某一集体的奉献,还应具有一种形而上角度。因此,整体主义德性论必然会产生整体与个体和普遍的内在矛盾。

五、实用主义

实用主义是在近现代以来的美国逐渐诞生出来的一种理论,它很多时候成了美国精神的代表。最早提出实用主义的是皮尔士,他强调实用就是效用,主张用科学实验的方法来了解事物的价值和意义,证实人们的观念。任何对于人生有意义、有效果的东西,都是可以通过实验来验证的,如果不能通过实验来验证,那对于人生没什么意义。皮尔士的实用主义强调用实验的效果来检验人们的观念和行为,以及实践行为的判断标准。随后詹姆士在继承了皮尔士的思想后,将实用主义进行文化价值的系统阐述,他认为:"真理要用行动的后果来证实,并要受未来事实的校正。不管什么观念,只要它在实际上有用或具有当时的'现金价值',都是真理。"[①]这就概括出了实用主义的一个本质的特征,那就是有用即真理。而在具体的论证思路上,詹姆士或者说整个的实用主义思想家采取的都不是抽象理性的方式,将实用主义固定在某些普遍的观念和原则之下,而是采取实践理性的方式,通过实践经验、科学实验来进行理性的证明。

在实用主义的证明过程中,什么是真与假,什么是善与恶都要通过实践的经验和实验来证明。一个思想观念之所以是真的,就在于它能够通过经验和实验来进行证明,看这种观念会导致什么样的后果,能否从一种观念产生出另一种观念。否则这个思想观念就是假的和错误的。一个行为之所以是真的,就在于这个行为是确实发生的行为,能够得到时间和经验的确证。但在人为验证自己的观念和行为证实的过程中,同时还会产生出一些价值性的问题,就是行为本身的善与恶,责任和义务。实用主义

---

① 宋希仁. 西方伦理思想史[M]. 北京:中国人民大学出版社,2004:445.

所要求的是对真理的追求，对事实的追求，内在具有的就是一种善的观念和责任的观念，而不是一种虚假的求证。由此体现出来的德性就是一种求真、求善、负责的道德品质。

因此，实用主义实际上就是用实验和经验的方式来追求事物的真理，达到对于事物的理解，而在人的内在精神上，就是一种对于问题求真的德性品质。由此实用主义的德性思想就是理性地运用经验和实验来对事物进行求真和求善的道德品质。但这种求真和求善的品质是通过实验和经验的方式获得，实验和经验的方式是不是就已经能概括求真和求善的所有方式？从人的现实角度而言，经验、实验只能作为人行为的一个重要方面，并不能概括人的全部行为。人的理论思考也是人行为的重要方面。这种实用主义的理性主义德性论就必然产生一定的矛盾，就是外在的实践求真、求善品质和内在的理论推理、理论求真求善品质的矛盾。

如何诠释这种实用主义的德性论矛盾？从实用主义自身来说，它强调的是实验和经验的作用，只通过实验和经验的实践方式来解决一切问题。这从实践的层面来说，确实是一种求真的好方法。什么东西只有经得起实践的考验才是真实的东西？内在的德性品质也就体现在实践方法的考证和求真上，由此形成的就是一种外在实践的求真、求善品质，忽视德性在理论上的求真和求善品质。而从人的德性角度来说，就不能只包含外在实践的层面，应同时包括理论和实践两个方面。理论的层面对于德性的重要性就在于理论说明了的东西，部分地已经是常理性和真理性的东西，它本身就是经得起推敲的，无须经过外在实践的证明。如仁爱的德性就无须经过实验和经验的证明，本身就是人必须要具有的理论品质。因此，实用主义德性论的内在矛盾就是外在实践上的求真和内在理论上的求真之间的矛盾，而人的德性应同时包含理论求真和实践求真二者。

综上而言，理性主义传统德性论的内在矛盾可以简单地概括为：目的论的内在矛盾体现在，德性论只追求结果善，以幸福为目的，忽视人的动机善和自身的内在价值；义务论体现在，注重德性的动机善和原则的普遍性，忽视的是结果善和感性因素的作用性；规范论体现在，注重的是对于规范的服从和遵守，忽视德性主观的创造性；整体主义体现在，德性论追求的是理性地服从整体的利益、共同的利益，忽视个人的利益和普遍的利益；实用主义体现在，只追求外在实践的求真品质，忽视内在德性的完善和求真的品质。这样，通过对传统德性的五大理性主义路径及其内在矛盾的阐述，可以看出，每一种理性主义德性论都有一定的价值，同时也都有着自身的局限和矛盾。理性主义德性论必然存在着哲学上的整体困境。

第三节　理性主义德性论的哲学困境

从以上对于传统理性主义德性论的五大路径及其内在矛盾的阐述，可以发现，一方面不同的德性理论得出的是不同结论和不同的内在矛盾，这从内在深刻地挖掘出了传统理性主义德性论不同流派的各自优缺点；另一方面综合这些理性主义德性论的问题，可以发现它们哲学上的困境。就理论而言，注重理性地对人的感性偏好的克服和对外在规范、共同利益的遵守；就现实而言，理性主义德性论并不能解决人的所有德性问题，也无法解决人的很多现实的德性行为问题，最重要的是不能很好地体现人的德性自由。

一、感性偏好的克制

感性偏好包括人的感性欲望、感性情感、感性幸福和感性任意性等内容，从以上传统德性的五大理性主义主要理论可以看出，几乎所有的理性主义德性理论都主张对人的感性偏好进行克服和超越，德性才能够诞生出来，不再执着于人的感性偏好。如目的论要求对人的感性欲望进行理性克服以服从人的总体幸福目的，义务论要求对人的感性情感、感性幸福进行理性的排斥以对义务法则、道德规律遵从；规范论要求对人的感性欲望进行克制以对社会规范遵从和服从；整体主义要求克服人的感性需要以对整体利益和共同利益服从；实用主义要求克服人的感性任意性以对实验、经验尊重。而理性主义德性论必须要内在地克服人的感性偏好，人的德性才会诞生，人的道德价值也才会诞生出来。原因在于理性主义德性论者把人理解为是一个有理性的存在者，或者按照康德的说法，人是一个有限的理性存在者，人身上拥有理性的同时，也拥有感性的成分，是感性与理性的结合体。

在理性主义者看来，感性就是人的本能欲望、情感，甚至幸福，人依感性行事就是依人的感性本能、感性情感、感性幸福行事。由于感性更多的是依靠人的本能需求行事，行为就是一种随性的自然行为。这就使得感性的行为带有本能特征，也就带有为恶的性质。这在中西方的传统文化中都是相同的。西方文化中的人性恶思想，说的就是人身上有很多本能的欲望，尤其是情欲的欲求是最强烈的。中国文化中的人性恶思想，也强调“食色，性也”，致使人为恶的正是这些本能性的需要。理性与感性的对峙在中西方的传统文化中都大量地存在着，尤其是在西方的文化中，理性与感性的矛盾、或神性与兽性的矛盾更加激烈。人的价值在于人有理性，在更为详细的理解里，人的道德价值在于理性对感性的克制和克服。理性对于人是根本的东西，感性对于人是本然存在的东西。感性就成为人身上固有的但又必须要加以克服的东西。人的价值也因为这种理性对感性的克服体现出来，而不会任感性支配。西方的理性主义者基本上都持这样的观点，从古希腊的苏格拉底到当代的麦金泰尔、罗尔斯都是这样。人的德性就在这种理性对于感性的克服中体现出来。如柏拉图把人的灵魂分为了理智、激情和欲望，虽然理智追求的德性是智慧，激情追求的德性是勇敢，欲望追求的德性是节制，但德性的获得必须要理性的调节作用。亚里士多德把德性分为了理智德性和道德德性，理智德性因理论理性的教导而生成，道德德性因实践理性的培养而生成。二者都需要理性对于感性欲望的克制和调节。康德的德性是理性对于感性欲望、感性情感、感性幸福的克制而产生的道德力量。

而在理性对于感性的克服过程中，德性取得的方式是什么？很多的理性主义德性论者采取的都是直接、武断的形式，运用理性对于感性进行直接的克制。因为如上所说感性包含着的是为恶的倾向和行为的不确定性，人的德性的形成和道德价值的生成就必须要克服它们对于行为的干扰和影响。这一点几乎所有的理性主义德性论者都认同。如亚里士多德认为一个有德性的人必然要学会理性地克制自己的感性欲望，斯多亚学派认为一个有德性的人必然是能够理性地对欲望进行控制的人。人的感性情感之所以要被直接的理性克制，原因在于感性情感是由人的身体或身体的需要发出来的，人的喜怒哀乐都由生理的需要和身体的刺激产生出来。感性情感自身就有很多的本能，在德性的生成过程中，道德品质的形成就不能依感性情感的作用，而是将感性情感进行理性的克服，这样的德性的生成就不受情感的影响，而具有真正普遍的道德价值。这一点很多的理性主义德性论者同样是认可的。如康德的德性论就是理性对于感性情感的直接排除，使德性成为一种普遍的道德力量。人的感性幸福之所以要被理性地直接克服，原因在于感性幸福是由人的本能需要发出的，作为人都喜欢自己过得快乐和幸福，得到很多物质生活和精神生活上的满足。“需要和爱好的全部满足，则被总括地称之为幸福。”[①]即幸福就是需要和爱好的全部满足，或者说就是需要和爱好满足的状态。幸福就此而言，就是感性的东西，它的获得就是感性需要的满足，它的满足也体现出一种感性的状态。德性的生成必然不能建立在这些感性幸福的基础上，而是对这些感性幸福进行克制，这样的德性才是超越于感性需要的道德品质，在现实中指导人的行为具有道德的价值。这也是很多理性主义德性论者内在所赞同的观点。德性与幸福问题则另论。

理性主义德性论就是主张德性的获得是理性对于感性偏好的直接克服，也就是在理性与感性的直接对抗中，消除感性偏好的作用和影响，作为人的德性才得以生成。或者说“德性的获得往往是直线型的，带有强制

① [德]康德．道德形而上学原理[M]．苗力田，译．上海：上海人民出版社，2012：16.

性的色彩”[①]。由此生成的德性是何种德性？按照人是一个理性的存在者来说，德性就是理性对于感性偏好的克服而产生的一种道德品质或道德力量，而克服的方式往往是直接的和强制的。这是理性主义德性论者内在所持的主要观点。它在成为理性主义德性论主要特色的同时，也隐含着自身的内在矛盾和困境。这种理性对于感性偏好直接克服的方式虽然从内在来说，是克服了影响德性生成的感性因素，使得德性得以很快获得，成为人的一种内在品质，但这却忽视了感性偏好对于德性生成的重要性，同时也忽视了人的德性的真正生成。从人的感性偏好来说，感性偏好同样是人存在的不可或缺的一部分，它一方面是拥有着一些感性的随意性、任意性、单纯性，甚至是为恶性，另一方面却也拥有着动力、情感和向善的特点。动力表现在人的感性因素具有活力，感性因素的良好必然有助于人道德愿望的生成，部分感性因素的满足也是人追求道德的动力。如为生计而勤奋努力的人，就是人的感性需要促进了他们智慧的产生和德性的生成。情感表现在人天生就是情感的动物，情感是人类最具丰富内涵的东西，它虽然隶属于人的感性层面，但却是由内而外发出来的，体现为人内心的一种良心、仁爱、同情与关怀。情感自然会产生出属于自己的道德情怀和德性品质。向善表现出来的许多的感性偏好并不是像理性主义说的那样只具有绝对的趋恶性，像一些出于人的自然情感、自然行动的行为就具有向善性的表征。

所以，理性主义德性论主张德性的获得是理性对感性偏好的克制，就存在着自身的困境和矛盾。从本质上来说，困境之处在于理性主义的德性论忽视了感性欲望、感性情感和感性经验对于德性生成的重要性和实践的培养作用；只是一味地从一端来阐述和克服感性因素的自然特质，把感性偏好理解为德性生成的障碍。但事实上感性因素是人存在的基础，它也有很多积极的层面，现实中的一些自然的情感行为本身就是一种德性的行为。理性主义德性论只从理性的角度来论证人的德性是有局限的，人的真正德性应同时需要理性和感性两个因素。

① 黎松，侯道娟．德性的理性路径与精神路径之辨[J]. 华中科技大学学报(社会科学版)，2016，30(5)：37.

二、德性行为的外在依从

理性主义德性论在注重理性对于感性偏好的克服而形成一种道德品质之外，还注重理性对于规范、整体利益和实用价值的遵从而形成的道德品质。从以上对于规范论、整体主义和实用主义的矛盾阐述可知，德性的获得就是来源于理性对于一定规范的遵守，整体利益、共同利益的维护，外在经验、实验的确证。规范论形成的德性品质就是理性对于规范的遵从，整体主义形成的德性品质就是理性对于整体利益和共同利益的服从，实用主义形成的德性品质就是理性通过实验和经验进行的求真。在德性的取得方式和生成方式上，它们都是通过理性对于规范、利益和实践经验的直接遵从而取得的。这是理性主义德性论又一个共同的特点。而为什么德性的获得需要理性对于外在东西的遵守？原因在于人必然要生活于一定的社会环境和共同体之中，也必然要通过外在的实践来求证自己的行为。人作为一个理性的存在者所要做的就是对于这些东西的直接遵守，这样才能够从内在克服自己的任性以具有高尚的道德品质。如对于社会规则的理性遵守和对于共同体利益、民族利益的服从就会使人能够很快地成长起来，具有克己奉献的道德品质。

这种理性主义的德性论虽然在理论上具有一定的说服力，毕竟人的确要生活于一定的社会规范和共同体之中，行为也必然要具有利他性的特点，但由这种理性对于外在规范、整体利益、实践经验的遵从而产生出来的道德品质，似乎就只注重了外在东西对于德性培养的重要性，忽视了德性个体内在的努力。由此理性主义德性论的困境就是，理性地克服感性因素的影响以对外在规范、整体利益的直接遵从与个人内在的能动性形成矛盾对照的道德本性。从中可以看出，理性主义德性论的优点在于，快速地克服人的感性因素对于社会规范、整体利益和实践经验的遵从，形成一种利他、奉献的道德品质；缺点在于，它完全克服人的感性因素和忽视个人的主观能动性，只是一味地要求服从，所形成的道德品质必然具有一定的片面性。如整体主义者把整体利益看作是人行为的根本，任何违抗整体利益的行为都认为是错误的和不道德的，不具有德性的品质，这可以从中西方的历史文化中得到很好的见证,古希腊的城邦主义和中国传统文化中的“天下为公”就是一个证明,而这往往忽视了个人的道德修养和个人道德品格的完善。

而个人的道德修养对于德性的生成同样是至关重要的,在西方的传统文化中一直存在着个人主义和个体主义的色彩,除去个人主义中那些自私、利己的极端成分,它仍具有不少合理的内容。很多的个人主义都主张通过自身来提高修为,使自己具有良好的道德品质和综合能力,将个人的主动性、能动性很好地发挥出来。中国的传统文化中向来主张个人能动性的发挥,君子之德的形成就是个人不断修炼和完善形成的,修身、自省、克己被视为重要的德性行为,而这正是发挥个人的能动性产生出来的道德品质。从人这个整体的存在者来说,个人的成长无论是生理上还是道德修养上都是个人能动性发挥的结果,外在的条件只能是一个外因和辅助的作用,个人道德境界的提升最主要的必然是个人不断学习、不断修行而获得的。理性主义的德性论要求人克服感性因素的影响,对社会规范和整体利益直接遵从,这是可以让人很快地获得一定的道德品质,依规则而形成一种守则、奉献的德性。但这种德性往往带有一种墨守成规和工具性的色彩,忽视实践的变化性和人的主观能动性。因此,理性主义德性论的另一困境,就是理性地对规范、整体利益和实践经验的遵从,忽视人的内在主观能动性和个体的感性作用性,而真正的德性论应包含人的内外两个方面,不能仅仅依靠理性来进行外在的直接遵从,要一方面发挥人的内在修养和内在涵养,另一方面又要对社会规范、共同利益、实践经验遵从,只有这样形成的德性才是真正符合人的精神的。

三、德性概念的内在分裂

从传统的理性主义德性论研究来看,可以说每一种理性主义德性理论都拥有着自己的观点和理由,他们虽然内在都包含着理性的处理方式和获得路径,但在具体的论证上却是各有侧重和各不相同的,即每一派都有着不同的观点和论证方式。这是历史上德性论研究的一个不争的事实。从以上可以看出,目的论把幸福、善当作该理论的目的和标识,人的一切理性行为都必然要以这个目的为前提,或者倒向这个目的。德性就是要理性地克制人的一些其他的感性欲望而追求幸福的实现。义务论讲求对于义务法则和道德规律的遵从,追求行为的动机和行为的普遍价值。德性就是要对义务法则遵从、克服感性偏好的影响才能够产生,也才具有现实的道德力量和行为的道德价值。规范论要求对于规范理性地遵从,以使行为具有规范价值和道德属性,德性就是理性地克服人的感性欲望以对规范的遵守,产生一种顺从、服从、尽职尽责的道德品质。整体主义要求理性地服从整体利益和共同利益,产生出来的是一种服从、奉献的道德品质。实用主义要求理性地对实验和经验绝对的尊重,产生出来的是一种求真、务实的道德品质。每一种理性主义的德性理论得出的是不同的观点和论证理由。这从总体上就造成了德性理解的难度和统一性的问题,每一种理论都有不同的道理,也都解决了不同现实的道德问题。

这种不同理性流派的德性论从内在就必然产生出一定的理论分歧,一方面体现在一些德性理论是运用理性对于内在感性偏好的克服、克制而获得的一种道德品质,另一方面体现在一些德性理论是依靠理性对于外在社会规范、行业规则、整体利益、实践经验的遵守而产生的一种道德品质。前者成为理性主义德性理论的主流观点,因为德性作为人的一种道德品质,是人高尚品性的表现,而人的高尚品性的来源最基本的当然就是不受人的感性欲望、情欲、感性需求的影响。几乎所有的理性主义者都认为人的感性因素带来的是粗野、简单,甚至是为恶的性质,人的德性或道德行为必然要理性地克服他们的作用,都认为依感性而行为是任性,或者是恶性,不依感性行为或控制感性的行为是德性。德性就是人理性地对于人的内在感性因素进行克服的道德品质。后者是理性对于外在东西遵从而产生出来的道德品质,对于外在规范和共同利益的遵守也成为德性获得的重要源泉。这种理论的主张者认为,人必然要生活于一定的共同体之中,依靠社会规范和实践经验来过自己的生活,人要做的就是理性地遵从这些外在的东西才能够得以很好的生活。人的道德价值包括人的人生价值都来自对这些外在东西的适应和遵从。而对这些外在东西的遵守而产生出来的服从、尽责、尽职、奉献、求真的道德品质就是德性。这样，德性既可以依靠理性对于内在感性偏好的克服而获得，也可以通过理性对于外在规范、整体利益和实践经验的遵守而取得。德性自身的获得就会产生内外的分歧，形成一种不统一的结论。

而为何会产生德性获得和德性概念的不统一性、分裂性问题？原因由理性所包含的内在含义和内在力量来决定。“理性是指能够识别、判断、评估实际理由以及使人的行为符合特定目的等方面的智能，也即人类理智对待秩序、法则、公理、规范的品性。”[①]从简单的角度来说，理性更多的是一种选择、判断、推理、思考、克制、理解、评估和权衡的能力。在德性的生成过程中，理性发挥的作用就是将影响德性生成和促进德性生成的因素进行克制、权衡和判断。德性作为人的一种道德品质，就内在而言，人身上固有的感性因素必然是德性获得的一大障碍，理性的做法就是克制这些感性因素的影响，促进德性的产生。就外在而言，德性品质的产生，就是理性对外在规范、共同利益选择、权衡和服从而取得的。这样，同是一个德性和理性，在应对人的问题时会采取不同的方式，德性的获得会因人的不同问题而采取不同的理性方式，而得出了德性品质也存在着一定差异的结论。德性无论是从取得方式，还是从德性概念本身来说都是分裂的和不统一的。德性的理性理路并没有使德性形成一个统一的概念和内在的生成逻辑。

四、德性自由的缺场

理性主义德性论一方面从内在主张理性对于感性偏好的克服，另一方面从外在主张理性对于社会规范、整体利益和实践经验的遵从，德性的获得实际上是建立在理性与感性的对抗、理性对外在东西服从的基础上的。而具体理性与感性如何对抗？几乎所有的理性主义德性论者，或者说所有的理性主义思想者都认为人的感性因素，包括感性欲望、感性情感等都带有粗野性，如果任由人的感性因素行事，就会产生为恶的情况，

① 杨建华．理性的困境与理性精神的重塑[J]．浙江社会科学，2014(1)：104.

于是就把理性看作了人的本质特征。理性的高尚在于能够战胜感性因素对行为的影响，同时人的高贵灵魂的产生、道德品质的提高都靠理性的作用。德性的产生就是理性对于感性因素的克服，压制住感性自身的任性行为，使感性因素成为人必须要战胜的消极对象。理性对外在东西的遵从或服从，同样是理性压制住人的感性任意性以对社会规范、共同利益的遵守，使人成为一个理性地守则、服从集体利益和大众经验的人，因而具有尽责和奉献的德性品质。德性实际上就是理性地遵从外在的东西而具有的道德品质。从本质上而言，这种理性主义的德性论是理性单方面地克服、压制人的感性偏好和对外在东西的遵从而产生出来的，并没有发挥感性因素和外在东西的积极作用，而从很多现实的行为看来，人的感性因素和外在东西对人的道德行为是有很多帮助的，人也不可能完全忽视和取消他们的作用。这样获得的德性就仍然是片面的，没有深刻地体现出人的自由、德性的自由。

德性的自由是什么？从德性的获得方式来说，德性就不能是理性地战胜感性因素的影响、理性地服从外在的东西，忽视感性因素和规范等的重要性而取得。而是采取扬弃的方式，既克服了感性因素和外在东西的不足，同时又发挥出它们的积极作用，这样获得的德性才更加全面，真正体现出人的德性自由。从德性的内容来看，德性的自由就是德性的超越性，体现了德性的道德本质。它不应该受理性和感性、理性和规范、共同利益的影响，而是通过它们来获得德性的真正自由本质，使人一旦具有德性就成为道德行为的自由人。理性主义的德性论显然是缺乏德性自由的思考，一味地运用理性来进行克制、压制、选择和服从，形成的只能是一种内敛的道德品质。这还可以从理性主义德性论所追求的目的得到说明，很多理性主义的德性论者，或者很多理性主义的伦理学家都把德性和幸福问题看成是一个重要的问题。在亚里士多德那里，幸福是最高的善和最高的目的，人的行为最终都会倒向它，或以它为目标。而幸福的获得方式又是过有德性的生活，反过来人过有德性的生活就是为了获得幸福，德性成为人幸福的条件。在斯多亚学派那里，德性成了理性所要求的最高善，人只有拥有了德性才会拥有幸福，德性是人幸福的基础。在康德的道德哲学里，“既然德行和幸福一起构成一人格对至善的占有，但与此同时，幸福在完全精确地按照与德性的比例（作为人格的价值及其配享幸福的资格）来分配时，也构成一个可能世界的至善”①。只有拥有德性才能够配享幸福，不拥有德性就不够资格享有幸福。由此不论是拥有德性的目的是为了享有幸福，还是拥有德性才能享有幸福，这种理性主义的德性论内在都会克服一定的障碍，或直接消除障碍，德性才能获得。属于人的德性自由仍将不会产生出来。理性主义德性论产生的正是德性自由和人的自由的缺场问题。

综上所述，传统理性主义德性论主要分为了五大路径，即目的论、义务论、规范论、整体主义和实用主义，各自都从理性的角度得出了自己的德性思想。其中有明显的优点，也有显见的内在矛盾。目的论把幸福和善当成了理性所导向的最终目的，德性的生成就需要理性地克服人的感性欲望和感性需求，以促进幸福的实现，内在形成一种中道、良善的道德品质。内在的矛盾在于这种理性主义的德性论只注重目的的实现，忽视了德性的动机性和原则性。义务论把义务的法则和道德规律当作了行为的依据，德性就是遵从义务的法则、理性地克服人的感性偏好而形成的道德力量。内在的矛盾在于德性论只注重德性行为的动机性和原则性，忽视感性偏好的作用。规范论把对规范的理性遵守和服从当成人道德行为的标准，德性就是理性地克服自身的感性欲望而形成的一种遵从、服从、奉献的道德品质。内在的矛盾在于，德性论只注重对于规范的理性服从，而忽视了德性自身的能动性和创造性。整体主义把整体利益和共同利益当作人理性行为的出发点，德性就是出于对整体利益和共同利益的尊重、奉献而产生出来的一种善的品质。内在的矛盾在于，德性论只注重对于整体利益的奉献和敬重，忽视了个人利益和个人的道德行为价值。实用主义把实验和经验看作是人的行为的理性标准，德性就是遵照实验和经验而产生的一种求真品质，内在的矛盾在于只注重实践，忽视行为的理论价值。由此导致了理性主义德性论自身的困境，每一种理论都有自己的不同德性观点，德性论内在出现的是各种分裂和不统一的观点以及德性

① [德]康德. 实践理性批判[M]. 邓晓芒，译. 北京：人民出版社，2003：152.

自由的丧失问题，整个的德性思想也没有形成一个统一的论证思路和内核。

这种理性主义的德性论从传统到今天依然在延续着，不同的学术流派、不同的哲学家都依理性而得出了自己的德性观点。尤其是在今天的德性论研究中，理性常常被工具化的理解，什么样的行为都依理性来衡量、权衡和选择，德性行为实际上也成了一种选择和考量行为。这导致了人们将德性理解为一种品质，或理性的有用品质，在实践中仅仅按照社会的底线要求行事，完全忽视了德性是一个整体性的概念、一个丰富性的概念。而真正的德性应该从人的整个精神领域来进行阐述。这样，德性的内外分裂得到克服，人的德性自由也将体现出来。

第二章

德性的“精神”证成

传统理性主义德性论，包括当代的一些理性主义德性论的研究都呈现出一些共同的问题，那就是德性的获得方式，要么是对于内在感性因素的克服而获得，要么是对于外在规范、整体利益等的遵从而获得。这导致了不同的伦理学家得出不同的德性含义，德性在人身上呈现出分裂和不统一的特点。而近乎所有的德性研究者都是用理性来研究德性及其问题的，包括现代的实证主义、分析主义都是用理性来选择、判断和权衡的。这似乎穷尽了德性研究的方式及其内容的阐述。但从人的精神领域来说，人是一个有精神、有灵魂的存在，黑格尔的精神哲学提供了另外的思考路径，抛弃了德性仅有理性的研究理路，从“精神”角度给予德性以新的阐述，同时拟解决长期以来德性理解的分裂、不统一和自由缺乏的问题。

第一节 “精神”释义

黑格尔的哲学是西方哲学史上的伟大理论,它的诞生不仅标志着精神哲学的诞生,还标志着世界脱离了仅仅是理性的理解方式,一种全新的精神哲学理论将给予世界以新的阐述;但它本身深奥、晦涩难懂,且难懂的核心之处在于精神概念及其对发展形态的把握。因此,要弄懂黑格尔的精神哲学,首先就必须要弄懂“精神”的概念,在此基础上才能够理解精神哲学的深刻内涵及其特征。

一、“精神”的概念

黑格尔对于“什么是精神”的阐述有一个漫长的演绎过程,他并不是一开始就说出什么是精神,而是通过精神现象学的方式,逐步产生出精神的概念。按照黑格尔精神现象学的逻辑,精神是经过了意识、自我意识和理性的发展后才诞生的,先后经历了意识的诞生,意识向自我意识的过渡,自我意识向理性的过渡,理性向精神的过渡几个阶段。

意识是如何诞生的?黑格尔认为世界最初给我们的对象是最简单和最直接的东西,人类对于这些对象拥有的简单意识就是感性确定性。“那最初或者直接是我们的对象的知识,不外那本身是直接的知识,亦即对于直接的或者现存着的东西的知识”[①]。即感性确定性获得的就是关于对象的最直接的现存知识。这种知识之所以是直接的,在于只从表象上去把握和接纳它的丰富性和广度性,没有从深度上去把握。事实上,这种感性确定性“所提供的也可以说是最抽象、最贫乏的真理。它对于它所知道的仅仅说出了这么多:它存在着。而它的真理性仅仅包含着事情的存在。另一方面,在这种确定性里,意识只是一个纯自我,或者说,在这种认识里,我只是一个纯粹的这一个,而对象也只是一个纯粹的这一个”[②]。对象

① [德]黑格尔.精神现象学(上)[M].贺麟,王玖兴,译.北京:商务印书馆,1979:63.
② [德]黑格尔.精神现象学(上)[M].贺麟,王玖兴,译.北京:商务印书馆,1979:63.

和我都是纯粹的东西,在自我里,通过这个纯粹的东西,我意识到我是这一个,对象是这一个,对象和自我互为对象而存在。在自我的意谓里,这一个是存在,这一个是真理。尽管这一个可能属于不同的东西,如这里是一棵树,这里是一座房子,但这一个、这里却是众多单纯的集合体,是一个共相。于是感性确定性就由直接地确定性进入知觉的意识阶段。"直接的确定性还没有认识到它自己的真理,因为它的真理是共相;而它想要认识的是这一个。反之,知觉便把对它存在着的东西认作是普遍性的东西。"[①]知觉就是能够意识到这"一个"是一个共相存在的意识,普遍性是知觉的原则。

普遍性指的就不是个别性的、偶然性的知识,而是包含着一个必然性的过程。要厘清知觉和对象的关系:知觉是一个过程,对象是一些简单性的东西,知觉需要了解对象的知识,知道对象是不同的个别性,而知觉也只有扬弃这些个别性、感性确定性,才能把握共相和普遍性。"感性知识的丰富内容只属于知觉而不属于直接的确定性,在直接感性确定性里丰富内容只是作为个别地平列在那里。因为只有知觉才包含着否定性、差别性、多样性为其本质。"[②]在对事物的把握过程中,事物的单纯概念就成了对事物的诸多个别性扬弃后,形成的一个纯粹性的概念。知觉的意识就是把事物作为对象的意识。由于事物自身的多重属性,是诸多特质的集合体,知觉对于事物的把握就包含着两种矛盾和两种环节,两种环节就是向外的把握和返回自身,两种矛盾就是事物包含着对立面的存在和知觉也包含着对立面的存在。知觉对事物的感知是通过事物的外在显现获得的,它必须要通过对事物的认知才能在自身获得意识。事物要通过外在的显现才能更好地体现出自身的本质,也就是通过外物返回到自身。事物由此就具有了自为性和为他性,内在既包含着差别也包含着统一。知觉正是通过对于事物的这种对立统一的把握获得了关于事物的意识,同时认识到这种感性共相仍然是很贫瘠的,拥有的依然是个别性或抽象性,需要向更高阶段迈进才能够获得普遍性。这个更高的阶段就是知性,知

① [德]黑格尔.精神现象学(上)[M].贺麟,王玖兴,译.北京:商务印书馆,1979:74.
② [德]黑格尔.精神现象学(上)[M].贺麟,王玖兴,译.北京:商务印书馆,1979:75.

性追求的是事物的真理，否定事物的抽象共相，在与他物的关联中获得普遍性的认识，达到对于事物真理的把握。意识发展到知性的阶段是不是已经把握了事物的真理？按照知性对于现象的把握，知性一方面把外在的现象纳入自己的意识内寻找它们的共相，另一方面知性意识寻求的只是外在的规律，并没有将对象纳入自我的范围内。因此，“我们看见，在现象界的内在核心里，真正讲来知性所认识的除了现象本身外，并没有某种别的东西，不过不是现象界作为力的交替，而是力的交替在它的绝对普遍的环节里和在这些环节的运动里，事实上知性所认识的只是它自己”①。知性所认识的就只是现象本身或现象本身的规律而已，并没有在对象中认识到自身。

那种在对象中意识到它自身，且意识返回到自身就进入了自我意识的阶段。“自我意识是从感性的和知觉的世界的存在反思而来的，并且，本质上是从他物的回归。”②自我意识在从他物的回归中，存在着两种差别，一个是差别物的存在，他物与自我存在不同的环节；另一个是自我和差别物统一的环节。自我意识从他物的回归，就是从他物的差别性回归，并与差别物相统一。但在自我意识的这种运动中，意识通过对象返回到自身，使自身具有了自我意识的生命，自我意识在返回到自身时就会遭遇到另一个自我意识对象的问题。“自我意识是自在自为的，这由于、并且也就因为它是为另一个自在自为的自我意识而存在的；这就是说，它所以存在只是由于被对方承认。”③自我意识的矛盾就在于有另一个自我意识的存在，且各自都以对方为对象。我之所以是我，就在于我从一个实存的对象中撤回到自身。自我与对象的统一只是表面上的，并没有建立在真正反思的基础上。理性正是消除这种矛盾性的反思而产生的确定性。由此体现出来的真理就是，自我和他物是真正统一的，自身获得了对于自身的真正认知，对他物的真正扬弃以返回到自身。自己在自身内获得了真理性的存在。其矛盾在于自身的真理性存在与外在实现的问题。理性获得的只

① [德]黑格尔．精神现象学(上)[M]．贺麟，王玖兴，译．北京：商务印书馆，1979：114.
② [德]黑格尔．精神现象学(上)[M]．贺麟，王玖兴，译．北京：商务印书馆，1979：116.
③ [德]黑格尔．精神现象学(上)[M]．贺麟，王玖兴，译．北京：商务印书馆，1979：122.

是自身对于自身的真正认识,并不涉及它的外在实现方面。“当理性之确信其自身即是一切实在这一确定性已上升为真理性,亦即理性已意识到它的自身即是它的世界、它的世界即是它的自身时,理性就成了精神。”[①] 理性及其实现就是精神。而精神自身又具备什么样的内容?“既认识到自己即是一个现实的意识同时又将其自身呈现于自己之前〔意识到了其自身〕的那种自在而又自为地存在着的本质,就是精神。”[②]即精神就是既认识到自身又能将自己实现出来的自在自为的本质。

这样,事物的显现由意识到自我意识、由自我意识到理性、再由理性向精神转变,精神由此诞生出来。这并不是意味着意识、自我意识和理性在前,精神是由前面三个阶段推导出来的,而是精神本身就包含着这几个阶段。精神要认识自身和把握自身,就必然需要经历前几个阶段的发展。事实上,精神才是这几个阶段存在的前提,没有精神的存在,前几个阶段也将不会存在。精神的概念,总的来说“是知自己本身的现实的理念”[③]。精神自身知道自己是世界本原的存在,事物的一切活动都是精神作用的结果。它不仅能够向内认识自身,还能向外认识自身,实现从低到高的发展,实现个别性与普遍性的完美统一。世界的一切、人的一切都是精神在起作用的结果。精神内在地就是能够认识自身和实现自身的理念,拥有的是一个活生生的转化、生成和发展过程。“对于精神的考察,只有当这种考察是在其活生生的发展中来认识精神的概念的时候,也就是说,只有在把精神理解为永恒理念的一种模写的时候,才真正是哲学的考察。”[④]因此,精神在其概念上,就是知其自身并实现自身的理念。它不仅能够克服事物内在的困难,还能够从低到高地实现自身和显示自身,将事物的个别性、特殊性与普遍性完美地结合起来,获得一种统一性的真理。

---

① [德]黑格尔. 精神现象学(下)[M]. 贺麟,王玖兴,译. 北京:商务印书馆,1979:1.
② [德]黑格尔. 精神现象学(下)[M]. 贺麟,王玖兴,译. 北京:商务印书馆,1979:2.
③ [德]黑格尔. 精神哲学——哲学全书·第三部分[M]. 杨祖陶,译. 北京:人民出版社,2006:10.
④ [德]黑格尔. 精神哲学——哲学全书·第三部分[M]. 杨祖陶,译. 北京:人民出版社,2006:2.

二、“精神”的特征

精神是知其自身的现实的理念，理念是什么？“理念是自在自为的真理，是概念和客观性的绝对统一”[①]。即理念是概念及其现实化的统一。精神实际上就是一个不断生成、不断实现和不断回复的概念。在它的不断产生、不断实现和不断回复的过程中，精神就会产生出自身不同的特点，既从起源上也从过程中理解自身和把握自身。而精神的这种概念如何实现？就要通过扬弃它的对立面，回复到自身。精神哲学作为最高的科学，是在对逻辑学和自然哲学的扬弃后才诞生出来的，“逻辑学研究自在自为的，即在其自身内的理念，也就是抽象的理念自身；自然哲学研究他在的，即外在化的理念；精神哲学则研究由他在或外在返回自身的，即自为存在着和向自在自为生成着的理念，也就是体现为人的精神、在人的精神里实现着和实现了自我认识的理念”[②]。由此看，精神诞生的最直接的对象就是自然，在对各种外在东西进行扬弃后，达到对自身的自在自为的认识。精神的特征就可以体现为以下几个方面。

（一）精神与自然的辩证

逻辑学研究的是自在自为的抽象理念，属于的是抽象的范畴而非现实的、外在的范畴，精神的诞生固然要借助逻辑学的这种抽象的思维，但不会以它为直接的对象。自然哲学研究的是他在、外在的理念，属于外在现实的范畴。精神是最高的最现实的东西，要获得实现就必然要以自然为对象。“对我们来说，精神以自然为它的前提，而精神则是自然的真理，因而是自然的绝对第一性的东西。”[③]即精神来源于自然，并同时超越于自然，是自然的真理。具体可以从两个方面来理解。一方面是精神为什么来源于自然？黑格尔在这一问题的论述中，首先讲明的是自然是与精神最切近的东西，不像逻辑学那样仅仅是单纯的抽象的理念，而是现实的外在的理念。在自然的东西里，已经包含着空间性和时间性的东西，一个东

① [德]黑格尔．小逻辑[M]．贺麟，译．上海：上海人民出版社，2009：361.

② [德]黑格尔．精神哲学——哲学全书·第三部分[M]．杨祖陶，译．北京：人民出版社，2006：5.

③ [德]黑格尔．精神哲学——哲学全书·第三部分[M]．杨祖陶，译．北京：人民出版社，2006：10.

西是与另一个东西并存的，或一个东西与另一个东西相续。存在着事物构成的有序性和事物之间的联系性。这种有序性和联系性初步地包含着了矛盾的统一性，在事物的进一步发展中，植物就产生了从内向外生长的态势，将自身伸展开来。动物更是达到了对外在进行克服，恢复到内在的统一性。精神要产生出来必然要以自然为对象和前提，在自然的必然性和外在性中认识到自身的自由。这就是为什么精神的存在必然要有一定的前提，自然就是精神产生的最直接的对象，也是最好、最真实的对象。

另一方面是精神为什么又要超越于自然？自然自身虽然呈现出事物外在的一些联系和向外的发展，但这种联系和发展是受必然性所支配的，是事物按照它本来的属性发展和呈现的。“自然里不是自由而是必然性在统治；因为必然性在其严格意义上正是彼此独立的实存之间的一种仅仅内在的，因而也是仅仅外在的联系。”①自然的仅仅内在的联系指的是事物仅仅由一些东西内在地构成一定的整体，仅仅外在的联系就是自然事物的每一部分都可以独立存在，每一部分都可以又是一个整体，可以具有独立的功能，并非每一部分的有机联系。在有生命的物质里，植物只是依照自身的简单发展向外在伸展开来，其自身达到的是从其萌芽中的自我统一。黑格尔认为：“植物的分化过程是植物性主体的一种走到自己之外，植物的每一部分都是完整的植物，是同一植物的一种重复，因而各个部分没有完全彻底地从属于主体的统一。”②即植物的每一部分都可以成为一个独立的部分，并不完全是一种有机的统一体。在动物的世界里，动物的每一部分都是一个有机的整体，其一部分的存在是另一部分存在的原因和目的，每一部分都相互依存，构成一个有机整体。或者说动物的每一部分都从属于一个主体，因为动物的一只手如果把它独立出来，就不再具备手的功能，成为的是一种异己性的存在。它的感受性和欲望性决定了动物具有扬弃外物而保存自身的能力，即通过对外物的矛盾、直接消耗外在的自然事物来保持自身，达到自身和外物的统一。但这种统一只是简单的统一，动物只知道对外在事物的直接消耗和类的感受，并没有真正产生

---

① [德]黑格尔．精神哲学——哲学全书·第三部分[M]．杨祖陶，译．北京：人民出版社，2006：12.

② [德]黑格尔．精神哲学——哲学全书·第三部分[M]．杨祖陶，译．北京：人民出版社，2006：12.

一种扬弃的意识和特殊性、普遍性的意识，灵魂依然是不自由的，内在遵循的是感觉、欲望的循环往复。“在动物的生命里，概念也没有达到一种与其灵魂样的本质相同的现实，没有达到对其定在的外在性和有限性的完全克服。这种情况在精神里才发生，精神正是通过在它里面得到实现的对外在性和有限性的克服而把自己本身同自然区分开来。”①因此，精神必须要超越于自然，克服自然的这种外在性和有限性才能诞生出来。

精神与自然的辩证性就体现在，精神来源于自然又要超越自然。这是精神哲学的第一个最重要的特点。它从起源上回答了精神诞生的问题和精神为什么要以自然为对象的问题，同时也从认识上知道了自然的局限性和精神的超越性。自然是精神的最真实也是最顽强的对象，精神的产生必然离不开自然，而自然要发展也必然离不开精神。从顺序上虽然自然在先，但并不是意味着自然就是第一性的东西、最重要的东西，自然自身的外在性、独立性和不统一性，在精神里才会得以把握和解决，精神在逻辑上是自然的真理，只有精神才是第一性的东西。“精神否定自然的外在性，使自然与之化为一体，并由此而观念化自然。”②即只有精神才能够观念化自然，扬弃自然的外在性。尽管自然对于精神的观念化漠不关心，但精神只有扬弃自然的外在性才能获得对于自身的认识，进而进一步获得对人类社会、人类世界的认识。

（二）个别性与普遍性的统一

黑格尔把精神的概念定义为知其自身现实的理念，理念是概念及其客观性的绝对统一，或者理念是“自身绝对自相同一的思维”③。精神就是知其自身现实的这种自身同一的思维或绝对的统一。内在包含着是为了认识自身必然需要认识对象，扬弃对象的个别性才能认识自身，寻找到普遍性的东西。精神所要达到的思维状态就是个别性与普遍性的统一。精神的内在的辩证法就是肯定、否定和否定之否定的方式，第一个肯定是肯定事物是存在的，仅仅是作为简单的存在来理解，第一个否定是否定事物

① [德]黑格尔. 精神哲学——哲学全书·第三部分[M]. 杨祖陶，译. 北京：人民出版社：2006：14.
② [德]黑格尔. 精神哲学——哲学全书·第三部分[M]. 杨祖陶，译. 北京：人民出版社：2006：17.
③ [德]黑格尔. 精神哲学——哲学全书·第三部分[M]. 杨祖陶，译. 北京：人民出版社，2006：5.

的直接性,达到精神对于事物的认识,但这种认识依然包含着个别性,需要第二次否定才能真正达到对于事物自身的认识,精神也才能回复到自身,达到对于自身的真正认识。个别性也就是这种直接性、有限性,普遍性也就是最后的肯定性认识,而否定和扬弃的意思并不是就完全抛弃和摒弃它们的影响,而是继承它们合理的因素,摒弃不合理的因素。精神所追求和所要达到的就是这种个别性和普遍性的统一。

精神的这一特征在黑格尔的精神哲学中占据着核心的位置。一方面黑格尔用辩证法的方式来理解事物,认为事物必须要经过一定的认识过程才能够对其真理进行把握。其中包含着的每一个环节都是事物的个别性与普遍性的斗争。另一方面普遍性是精神存在的真理,精神只有包含了个别性对于自身的认识才是完美的。黑格尔在客观精神阶段的论证中详细地阐述了精神的这一特点。精神在《法哲学原理》中体现为意志,意志就包含着行动,行动就是一个个别性的行动,也是普遍性的生成过程。"法的基地一般说来是精神的东西,它的确定的地位和出发点是意志。"[①]精神在法哲学中的体现就通过意志显现出来。意志是追求自由的,或者说意志本身就是自由的。在抽象法的阶段里,意志首先体现出来的就是对某物的占有,保住人的基本的人格定在。"人为了作为理念而存在,必须给它的自由以外部的领域。"[②]这个外部的领域就是物的所有权问题,使人能够获得基本的定在。但人的这种基本的定在所产生的意志的自由只是单个人的自由,也就是人的个别性。每个人都有这样的意志自由,自我就必然要发生与人的关系问题和他人的承认问题。个人使自己区分开来与他人发生关系才能获得更好的存在,具有普遍性,双方保留所有权和转让所有权的方式就是契约。契约虽然具有普遍性的性质,但是以任性作为基础,仍包含着个别性的内容,导致不法和犯罪的产生。于是精神的意志需要寻求更高的普遍性,进入道德阶段,意志的自我反思阶段。在道德的阶段里,意志在抽象法里可能产生主观意志的故意,内在观照的是个人的意图和福利,到最后道德的裁决就是主观的善意和良心。这种意志在道

---

① [德]黑格尔.法哲学原理[M].范扬,张企泰,译.北京:商务印书馆,1961:10.

② [德]黑格尔.法哲学原理[M].范扬,张企泰,译.北京:商务印书馆,1961:50.

德阶段所达到的普遍性依然只是主观的普遍性，实则包含着个别性的内容。意志只有到达客观的伦理阶段后才能真正实现个别性和普遍性的统一，获得真正的普遍性。因此，“精神不是单一的东西，而是单一物和普遍物的统一”①。精神在法哲学中的演绎始终是意志在寻求个别性、普遍性及个别性与普遍性的统一。

（三）发展的自在自为本性

精神从其概念上来说，就是一个活生生的概念，“从黑格尔的规定看来，人的精神不是静止不动的，而是一个绝对不静止的东西，精神本身就是一种产生自己、实现自己、认识自己的纯粹活动。”②即精神是一个运动、发展、不断产生自身和实现自身的概念。内在包含的是否定的辩证法，即肯定、否定和否定之否定的规律。精神对于事物的认识就要经过这三个阶段的考证，任何仅仅肯定和否定的认识都不是精神的思维。因而精神在本质上也是一个发展的概念，它不是固守在某一个肯定的方面或否定的方面，而是充分地认识到事物内在自身的矛盾，将精神自身和自身的作用显示出来，以把握自身的本质和事物的本质。在精神自身的发展显示过程中，对于精神的认识，就要在“精神活生生的发展中去认识精神的本质或概念和精神自身从一个环节到另一个环节、从一个阶段到另一个阶段、从一种形态到另一种形态的必然性，也就是它成为一个自我实现、自我认识了的有机整体的必然进展”③。即精神内在的发展必然是由一种形态发展到另一种形态，且前一种形态与后一种形态处于有机的联系之中，较低级的形态不断地向较高级的形态迈进。发展构成精神的内在本性。

在精神的发展中，精神必然是从低到高的发展。而内在具有什么样的内容和能力使它得以发展和实现自身？那就是精神的自在自为本性。黑格尔在《精神现象学》中指出：“既认识到自己即是一个现实的意识同时又将其自身呈现于自己之前（意识到了其自身）的那种自在而又自为地存

① [德]黑格尔．法哲学原理[M]．范扬，张企泰，译．北京：商务印书馆，1961：173.

② [德]黑格尔．精神哲学——哲学全书·第三部分[M]．杨祖陶，译．北京：人民出版社，2006：11.

③ [德]黑格尔．精神哲学——哲学全书·第三部分[M]．杨祖陶，译．北京：人民出版社，2006：12.

在着的本质,就是精神。”[①]即精神就是既能认识到自身的现实性又能将其实现出来的自在自为本质。精神的自在性表现在它就是现实存在着的东西,是宇宙万物和人类世界存在的基础,自身就是实体和自相同一的东西。这是精神存在的一个基本的层面,没有这个基本的层面,人的一切活动都没有一个内在稳定的东西。但精神的自在性说明了精神是现实存在着的,且有着自身同一的实体性,这是不是意味着精神只这样自在地发挥作用,将一切包含在一起。显然精神自身的矛盾性必然使自身分裂开来,就有自为存在的能力。精神的自为存在就表现在,精神能够从自身的简单同一性中走出来,分裂出事物自身的矛盾性和冲突性,将精神自身很好地实现出来,达到自为的状态,最后获得精神自身的自在自为认识。精神从一开始就包含着自在自为的本性,只不过要获得这样的认识,必然要经过精神的自在、自为,才能得到自在自为的真正认识。

精神在每一种形态的发展中或者说在每一次的认识活动中,精神发展的自在自为本性都将充分地展现出来。如精神在客观精神的呈现阶段中,精神在客观现实中体现为意志,在抽象法的阶段,“法首先是自由以直接方式给予自己的直接定在”[②]。从人来说,人格的定在就是对外物的占有,拥有对于外物的所有权,这是人得以存在的基础,也是抽象意志必须要赋予人的自由。这只是从人的基本存在来说是这样的,人需要自在地拥有对于外物的所有权,只能属于意志的抽象意志层面和精神的自在层面。但现实的人必须使自己与他人区分开来发生与他人的关系,获得他人的承认并与他人建立权利义务的关系,意志进入现实的层面,精神也进入了自为的状态。最后形成一种抽象的意志和现实的意志统一的特殊意志,人不但自在地占有某物,还自为地使用某物,人的精神也就达到了自在自为的统一。在道德的阶段里,人的一切行为都是主观意志实施的,或者说都是主观意志的故意,不存在一个行为的自然发生,这就是人的主观意志的自在状态,也是精神的自在状态。而这种自在的状态必然要产生一定的区分,也就是人的特殊意志的行为,行为必然会出于人的意图和目

① [德]黑格尔. 精神现象学(下)[M]. 贺麟,王玖兴,译. 北京:商务印书馆,1979:2.

② [德]黑格尔. 法哲学原理[M]. 范扬,张企泰,译. 北京:商务印书馆,1961:48.

的，这就产生了主观意志的自为状态，精神的自为状态；最后达到意志的自在自为的普遍性，精神的自在自为的普遍性，就是善和良心。在伦理的阶段中，直接的、自然的伦理精神就是精神在伦理阶段的自在状态，实体性的形态为家庭。在家庭的分裂后产生的市民社会就是精神的自为状态，每个成员因为需要而联合在一起，建立外部制度。真正的实体普遍性只有在国家中才能够产生，家庭和市民社会才能获得真正的统一和实体性，精神由此就达到自在自为的统一。因此，精神既具有发展的必然性，又具有内在的自在自为性，整体上构成精神的自在自为本性，形成精神哲学的内在特征。

（四）内在的自由本质

精神从它的诞生开始，就体现出对于自然的超越性，把自然当作它产生的对象加以否定，在对象中寻找自身和实现自身。精神对于对象的设定和超越成为它获得自身和实现自身的前提。从内在的本质上来说，精神为什么要设定对象、否定对象和扬弃他物？目的就是为了获得自由。“精神的本质从形式上看就是自由，即概念的作为自身同一性的绝对否定性。依据这个形式的规定，精神能够从一切外在东西和它自己的外在性、它的定在本身抽象出来；它能够忍受对其个体的直接性的否定，忍受无限的痛苦，就是说，能够在这个否定中肯定地保持自己，而且能够自为地是同一的。”[①]即精神从本质上来说或从内在的层面来说就是自由，或追求自由，能够从一切外在的困难中克服困难，战胜困难，否定他物和保持自身，达到不依赖他物、自身与自身同一的状态。精神就一方面需要与他物建立关系以否定他物、克服他物来证实自身，另一方面又要扬弃他物来达到自身，从其异在中恢复自身。在这否定、扬弃和恢复的过程中，必然伴随着诸多分裂的痛苦。“他物、否定、矛盾、分裂因而是属于精神的本性的。”[②]精神的内在自由本质就在于精神内在的超越性，它不仅能否定他物、扬弃他物，还能够实现对他物的不依赖，自身始终与自己相同一，同时还能够

① [德]黑格尔．精神哲学——哲学全书·第三部分[M]．杨祖陶，译．北京：人民出版社，2006：19-20.
② [德]黑格尔．精神哲学——哲学全书·第三部分[M]．杨祖陶，译．北京：人民出版社，2006：20.

从与它不相适应的东西里自我解放出来。“精神概念的全部发展只不过是展示精神从其一切与概念不相符合的定在形式里的自我解放。”[①]自由就构成了精神的存在本质,可以说精神的一切活动都是自由的体现。

在精神的现实活动中,精神又是怎样来体现出自身的自由本质的?黑格尔认为精神的一切活动和形态都是自由的不同呈现。精神在总体上总是从对有限性的认识和超越来达到对无限性的认识。它在整体上分为了有限精神和绝对精神:有限精神就是有限自由的精神,绝对精神就是绝对自由的精神。精神的逐步发展也就是自由的逐步发展和呈现,自由成为精神的内在本质。而具体来说,有限自由的精神又包括主观自由的精神和客观自由的精神。黑格尔将精神的演绎划分为三种从低到高的形态,即主观精神、客观精神和绝对精神。主观精神内在地就是主观自由的精神,客观精神内在地就是客观自由的精神,绝对精神内在地就是绝对自由的精神。精神由低到高的发展,自由也由低到高的发展,最后达到绝对自由的状态。进一步而言,主观自由的精神就是在主观内呈现出来的自由精神,精神与他物处于自相的联系中,自由被限制在了他物的关系上。客观自由的精神就是在客观的环境中呈现出来的自由精神,精神已经走出自身获得了外在的实现,自由具有了外在的实在性。绝对自由的精神就是在精神的最高呈现中体现出来的自由精神,自由不再受到外物的限制,而是真正回到了自由本身。因此,黑格尔认为:“精神是无限的理念,而有限性在这里具有概念和实在性不相称的含义,不过这种含义受到这样的限定,有限性是精神内部的映现,——是一种映像,精神自在地设定这样一种映像作为自己的限制,以便通过对这个限制的扬弃而自为地拥有作为自己的本质的自由和知道自由是自己的本质。”[②]精神就通过有限性的设定和扬弃来证明自己是自由的,反过来自由也构成精神发展的内在本质。

---

① [德]黑格尔.精神哲学——哲学全书·第三部分[M].杨祖陶,译.北京:人民出版社,2006:21.
② [德]黑格尔.精神哲学——哲学全书·第三部分[M].杨祖陶,译.北京:人民出版社,2006:29.

三、精神的逻辑形态

精神作为无限的理念或知其自身现实的理念，既然是理念，就必然有一个概念化和现实化的发展过程。精神为什么存在？原因在于人是有精神的，世间的一切都因为有了精神才能够合理地建立起来，倘若没有精神的存在，世间的一切活动都将是刻板的和没有生气的。因而精神就一方面构成世界的本原性存在，另一方面又是所有事物发展的动力，可以说世间的一切都是精神在起作用的结果。但精神对自身的认识并非一蹴而就，而是要经历一个艰苦的过程才能达到对自身的认识。起初精神的诞生就必然要以自然为对象，才能够认清自然的单纯性和自在性，进而认清精神的超越性和发展性，再逐步以有限性为对象去认识自身，达到对于有限性的局限认识和自己的无限认识。有限性构成精神发展的最切近的因素。在对有限性的设定中，精神是如何发展自身和呈现自身的？精神的发展相继经历了三个阶段的发展，即主观精神、客观精神和绝对精神的发展。而为什么精神的发展会是这三个阶段或三种形态？原因在于精神要真正认识自身，必然要从低到高地发展自身，在对有限性的克服里才能够体现出来。精神的逻辑形态必然先是主观，后是客观，最后获得绝对认识。

主观精神指的是在自身内存在的精神，或者是“在与自己本身相联系的形式中”①的精神，内在地属于个人的精神，自身与自身联系，尚未发生与外物的关系。“主观精神学说的对象是个人意识，其任务是描述个人精神从最初的与动物意识无本质区别的所谓自然灵魂直到成长为具有理论的和实践的能力、企图使外部世界服从自己以实现其自由意志的所谓自由精神的发展过程。”②由此主观精神的内在发展必然经历三个阶段，那就是自在的自然灵魂阶段、自为的在自己内和在他物内同一映现的意识阶段、自在自为的在自己内规定着自己的主体精神阶段。在第一个阶段里，精神显现为灵魂，灵魂在黑格尔的理解里，“灵魂不仅就自身说是非物质

① [德]黑格尔．精神哲学——哲学全书·第三部分[M]．杨祖陶，译．北京：人民出版社，2006：27.
② [德]黑格尔．精神哲学——哲学全书·第三部分[M]．杨祖陶，译．北京：人民出版社，2006：16.

的，而且是自然界的普遍的非物质性，是自然界的简单的、观念的生命。灵魂是实体，是精神的一切特殊化和个别化的绝对基础”①。或者说灵魂就是精神的睡眠，是一切特殊性和普遍性简单统一的实体。而这样的灵魂又可以分为自然的灵魂、感觉的灵魂和现实的灵魂三个阶段。在第二个阶段里，精神显现为意识，意识就是在自身内和在他物内同一映现的精神。在这个阶段里，意识又同样分为了三个阶段，即一般意识、自我意识和意识与自我意识统一的理性阶段。在第三个阶段里，精神呈现为一种在自身内规定着自己的主体，是灵魂和意识统一的真理性存在。“精神只从它自己的存在开始并只与它自己的种种规定保持关系。”②因此在这个阶段又分为了理论精神、实践精神和自由精神三个阶段。

客观精神就是在实在性的形式中或者是在客观的现实中体现出来的精神，在这个世界里，一切都由精神来产生和必然由它来产生，精神的自由本性就作为必然性诞生出来。而精神体现在现实的客观世界里必然会体现出现实的行动性，这个行动性就是意志或自由意志。“这个意志的目的活动是在外在客观的方面里去实现它的概念，即自由，结果就是自由是一个通过意志所规定的世界，而意志在这个世界中就是在自己本身中，是与自己本身结合在一起，概念因而完成为理念。”③客观精神里体现出来的意志自由的发展就包括了三个阶段，即作为直接存在的个别自由意志的人的抽象法阶段、作为在自身内显现的特殊自由意志的主观道德阶段和作为实体性自由意志存在的伦理阶段。在第一个阶段里，也就是在抽象法的阶段里，法是自由的定在，“法的基地一般说来是精神的东西，它的确定的地位和出发点是意志。意志是自由的，所以自由就构成法的实体和规定性”④。因而作为自在自为的自由意志在抽象法的阶段拥有着直接性的规定。这种直接的定在呈现就可以分为三个阶段，那就是以抽象意志自由来呈现的所有权阶段、以双方共同意志为定在的契约阶段和以自身

① [德]黑格尔．精神哲学——哲学全书·第三部分[M]．杨祖陶，译．北京：人民出版社，2006：39.
② [德]黑格尔．精神哲学——哲学全书·第三部分[M]．杨祖陶，译．北京：人民出版社，2006：237.
③ [德]黑格尔．精神哲学——哲学全书·第三部分[M]．杨祖陶，译．北京：人民出版社，2006：313.
④ [德]黑格尔．法哲学原理[M]．范扬，张企泰，译．北京：商务印书馆，1961：10.

意志区分的不法和犯罪阶段。在第二个阶段里，意志从外部的定在中返回自身，并在自身内反思，形成自为存在的同一性，也就形成了道德的意志。这种道德意志的法的呈现同样可以分为三个阶段，即在直接的定在中体现出来的主观意志的故意和责任、在行为的特殊意志中体现出来的意图和福利、在普遍的意志中体现出来的善和良心。在第三个阶段里，意志在自身中反思并同时在外部世界中实现出来，形成一个自由的伦理实体。这个伦理实体同样包含着三个阶段的发展，即自然伦理精神的家庭、个体精神联合的市民社会和普遍实体的国家。

绝对精神就是精神的观念性和客观性自在自为地存在着和永恒地产生着统一的精神。或者说“绝对精神是永恒地在自身内存在着的、同样是向自身内回复着的和已回到自身内的同一性；是作为精神性实体的唯一的和普遍的实体，又是分割为自己和一种知的判断，而它对于这个知来说就是实体”①。绝对精神就是一种永恒地产生着和回复着的绝对统一的精神，精神也达到了绝对自由的程度。但绝对精神达到这种绝对自由的状态，就要经过三个阶段的发展，即艺术、宗教和哲学三个阶段。在艺术的阶段里，绝对精神以直接性的形式呈现，通过抽象的形象来表现自身。在宗教的阶段里，绝对精神以外在性的形式显示自己本身，精神自为地将自身区分开来，达到一种内外结合的知。在哲学阶段里，“哲学确定自己为关于绝对表象的内容的必然性的认识……这种认识是对这种内容及其形式的承认和从形式的片面性中的解放，即这些形式之提高为绝对的形式，这种绝对形式确定自己本身为内容，始终与内容同一，而在这内容里则是对那个自在自为地存在着的必然性的认识。”②故绝对精神只有在哲学里才能获得绝对的认识，自身以自身为内容，并始终自相同一，达到自身的完美呈现。

① [德]黑格尔．精神哲学——哲学全书·第三部分[M]．杨祖陶，译．北京：人民出版社，2006：371.

② [德]黑格尔．精神哲学——哲学全书·第三部分[M]．杨祖陶，译．北京：人民出版社，2006：383.

第二节 德性的知识考古

历史上不同的哲学家往往会给德性下不同的定义，分别从人的不同方面来进行诠释。其中有把德性理解为品质、情感的，也有把德性理解为力量、功能、习惯和习性的。在这些德性论的理解中，很多都是从理性的角度来进行内在的把握，忽视了德性本来的意思和内在真正的精神属性。德性的知识考古就是从德性本来的意思或词源的角度来重新界定，以建立对于德性的真正理解，揭示它内在的真正内核。从中西方对于德性的历史阐述来看，德性的知识考古就可以从以下三个主要方面来进行阐释。

一、西方语境中的德性

在西方的语境里，德性在历史上基本上用两个词来表示，一个就是古希腊的arete，一个就是后来英语世界的virtue。在非英语世界的德文语境里，德性用tugend来表示。这三种德性词源的理解，可以基本上概括出德性的起源、内涵及本质。

（一）古希腊的arete

古希腊的德性一词基本上用arete来表示，arete从词源学上来说，来自arees，即战神。Arete在词源学的意义上就包括优胜、强大的功能、力量和优秀等意思。在广义的理解上，泛指一切事物的优秀的功能，如植物的德性在于长得茂盛，马的德性在于跑得快，笛子的德性在于动听，眼睛的德性在于看得分明；在狭义的理解上，专指人的德性，按照亚里士多德的说法，就是使一个人好又使得他能够出色地完成他的工作的品质，或者使一个人状态好又使一个人过得好的品质。Arete在词源上，实际上包含了两层意思，一层指的是事物的功能、力量、卓越和优秀，另一层指的是人的优秀和品质。这是从词源上来简单地理解了古希腊德性arete的意思。

而从内在的层面来说，世界为什么会产生德性这样的东西，或者说德性是靠什么来产生的？就是一个需要思考的深刻问题。

对于世界为什么会产生德性这样的东西这个问题，古希腊的一个本体的来源就是逻各斯(logos)，逻各斯是一个整体性和本源性的概念。古希腊哲学家赫拉克利特最早提出逻各斯的概念，他认为万物的本原是火，火在一定的分寸上燃烧，在一定的分寸上熄灭，这导致了万物的生灭变化。而促成这种变化的东西就是逻各斯，逻各斯由此也具有了几个方面的要点："(1)logos是永恒存在的；(2)logos是普遍的，对于所有人是共同的；(3)logos主宰着一切，世界万物都根据它生成；(4)logos是'一'，属于唯一的智慧、唯一的神；(5)logos'为灵魂所固有'。"[①]德性实际上是由逻各斯产生出来的，或者说德性分享了逻各斯的一部分。一切事物自身体现出来的功能、力量和优秀都是逻各斯在起作用的结果。但逻各斯在一切事物身上通过什么来实现自身、支配万物？那就是灵魂。古希腊所理解的灵魂并不是在现代的语境下理解的灵魂，而是一种哲学的概念。柏拉图将灵魂概括为理智、激情和欲望的统一，亚里士多德将灵魂概括为欲望部分和理性部分的统一，人的德性的产生和作用都来自人的灵魂，且不同的灵魂部分拥有着不同的德性。因此，古希腊的德性arete在本来的意义上，并不是靠理性来产生的，而是靠逻各斯、人的灵魂、人的精神来产生的。勇敢之所以能成为古希腊的一个最重要的德性，最重要的原因在于它一方面体现了逻各斯、人的灵魂的力量，另一方面又很好地凝聚了人的精神品质。

(二)英文中的Virtue

古希腊的德性arete在后来历史的不断演进和阐述中，在西方的社会里逐步被virtue取代，后来的英语世界就直接用virtue取代了arete。virtue成了英语世界德性的代名词。为什么会发生这样的嬗变？一方面可能是由于拉丁文的发展，另一方面可能是由于德性本身的含义发生了一些变化。Virtue从词源上来说，来自拉丁文Virtu，Vir在词根上表示男子和力

① 姚小平．Logos与"道"——中西古代语言哲学观同异谈[J]. 外语教学与研究，1992(1)：35.

量的意思，而virtue内在依然包含着力量、功能和优秀品质的含义，这一点和古希腊的德性arete是相同的。不同的层面可能在于virtue更倾向于指人的德性，而arete不仅指人，而且也指物。英文中的德性virtue从词源上来说，就包含着力量和生命性的含义，是一种需要人去实现的东西。于是，在西方德性论的研究和阐述中内在地就出现了很多的差异。

托马斯·阿奎那就把德性理解为一种习性或习惯，即德性就是在人的行为习惯中生成的。斯宾诺莎和康德把德性理解为一种力量，这种力量能够战胜人的感性欲望，对于人的侵扰而始终使人的行为符合道德，并具有道德的价值。当代的麦金泰尔也把德性理解为一种获得性的善的品质，认为德性是在实践的行为中对于共同法则的遵守才产生的。近代的情感主义伦理学家们把德性理解为一种情感和情怀，认为人的德性发乎于人的自然情感和知觉意识。而在这众多的西方德性论的研究者中，很多的德性研究者都内在的以为人的德性的产生靠的是理性的作用，或者说主要依靠的是理性对于感性欲望的克制而产生的。人固然是具有理性的，但这种德性的理性主义理解并没有概括完德性的内容。这既可以从很多非理性的德性论研究中得到证明，如人的自然德性就依靠的是人的本然行为而产生出来的德性，就不需要理性的思考和权衡；也可以从德性本来的意思上得到说明。德性内在包含着力量、功能的意思，力量和功能并不能仅仅通过人的理性就能够很好地把握，更多地需要人的精神去领导、把握和超越。因而英文中的德性Virtue内在包含的应该是一种精神，其实现也要靠精神的作用才能够将德性在人身上很好地体现出来。

（三）德文中的tugend

德语是西方语言中一个强大的语言体系，德国的古典哲学更是世界上其他任何国家都望尘莫及的，德文中的德性溯源也必然成为德性论研究的一个重要的起点。德文中的德性基本上是用tugend来表示，在很多的德文著作中，tugend同时具有德性、德行、德和道德的意思。但tugend主要的意思是德性。Tugend来自于词根Taugen，Taugen表示能力和力量的意思。德性内在依然包含着的是一种力量性的东西。康德在其《康德的道德哲学》中，就把德性定义为一种道德力量，或者是一种道德上的勇气，在与感性偏好的强烈斗争下，仍能坚持按照道德法则行动的力量。康德的这种德性的力量实际上就是一种实践理性的力量，内在依靠实践理性来克服人的感性偏好。而康德的这种在德语中理解的德性是不是就已经概括完了德性的内涵？黑格尔在他的精神哲学中提出，“伦理的人格，也就是说那为实体性的生命所渗透的主体性，就是德”①。即德性就是实体性的生命所渗透的主体性人格，德性就要在伦理实体的生命中才能够诞生。德文中的德性tugend内在所包含的能力和力量，就不能仅用理性去实践和把握，更多地需要人的精神去作用，德性才能真正发挥出它的价值。

二、中国语境中的德性

在中国的古代文化中并没有出现德性一词，出现的是与德性相对应的“德”。“德”在很多情况下包含着德性、道德和伦理的意思，但从“德”的内在本性来说，在古语中多包含德性的意思。从中国古语中“德”的词源来看，德是一个形声字，由“彳”“直”和“心”构成，“彳”表示人行走的姿势的意思，“直”表示眼睛向前看的意思，“心”表示人的心境和情态，结合起来的意思就是遵照人的自然本心去行事和行动。“德”在词源上就包含着行动的意思，依靠人的内在精神去修炼自身。中国最早对于“德”的使用是在殷商时期，德的文化与宗教图腾和祭祖紧密地联系在一起。在《国语·晋语》中著有“同姓则同德，同德则同心，异姓则异德”的观念，德就是人们血缘关系的统一体。随后产生了以德配天的观念，德的运作靠的是人的精神来提升。

老子在《道德经》里对“德”进行了深刻的阐述，讲出了道和德是相互存在的概念，道是存在的本体，德是道的应用和实现。《道德经》五十一章说：“道生之，德畜之，物行之，势成之。是以万物莫不尊道而贵德”。道就是宇宙万物的本体，德就是道实现的途径。“《道德经》中关于道和德的理

---

① [德]黑格尔．精神哲学——哲学全书·第三部分[M]．杨祖陶，译．北京：人民出版社，2006：330.

解有两层含义：一是哲学的意义，即自然观中所使用的概念。就此层含义说，‘道’是指世界的本源，万物的根本；‘德’是指由此产生的万物的本性。二是伦理学中使用的概念，‘道’是指人类生活的最高原则，‘德’是指人的本性和品德。”[①]无论道和德的关系是从哪个方面来说，道都是本原和最高的准则，德都是对道的内化、实践和回归。德内在包含的是一种能动的生命性概念。内在支配德性行动的当然就是人的精神。

《说文解字》中“德，升也”，说明德包含着一种生长的意思。同样另有《说文解字》：“德者，得也，外得于人，内得于己，从心从直”。德就是得，或者说德与得是相通的。这一方面说明了德的获得需要内外两方面的结合和努力，另一方面更说明了德的内在包含着实践的能动性概念。德或者德性在中国的古语中包含着生命、生长和获得的概念，且内在的生成包含着一个实现的过程。

三、中西德性的内核

西方德性的古希腊词arete，内在包含着的是一种事物的功能和优秀，体现在人身上是一种优秀的品质和出众的本领，德性的践行和获得靠的是逻各斯(logos)的作用。德性概念自身显然体现出一种生命的力量和精神的力量。英文中的virtue，内在包含着力量和生命的内涵，德性的获得需要人付出整个生命和整个精神的努力。德文中的tugend，内在也包含着力量和能力的意思，德性的内在生成显然包含着人的生命力的作用。中国古语中的德性，用“德”来表示，从最初的象形文字从“彳”从“直”从“心”，到后来《道德经》和《说文解字》的阐述，德自身都包含着能动、生长、实践和生命的含义。德的获得靠的是人的整个精神的力量和努力。

中西德性从词源上来说，都拥有着很多相同的特点。一是运动的本性。西方的德性无论是古希腊语中的德性，还是英文和德文中的德性都包含有力量的意思，力量都涉及行动的问题。中国古语中的德性强调德性的行动和实践，内在实际上也包含有力量的含义，以此才具有运动的能

① 樊浩．中国伦理精神的历史建构[M]．南京：江苏人民出版社，1992：142.

力。二是德性的实践性。中西方德性的获得都是主张通过实践的活动来进行,不存在德性是个自足的概念的问题。三是德性内在的生命感。西方的德性强调运用人的生命的力量去践行德性和获得德性,或者说是运用人自身的精神的力量去支配和赢得。中国的德性强调德性自身的生长性,也主张的是用人自身的精神去产生德性,赢得内在的价值。因此,从中西方德性的词源学上来说,德性就是一个生命性的概念和精神性的概念,德性的活动和生成依靠的是人的整个精神活动,而非简单的理性活动。从这个角度而言,德性可以作为一种精神的理解。

第三节　德性的“精神”呈现

从上节对于德性的知识考古或者词源叙述,可以看出,无论是西方的德性词源,还是中国的德性词源,在本来的意思上都包含着强烈的生命气息和精神的冲动感。德性的获得和践行依靠的是人的整个精神生命的作用,而并不是仅仅依靠人的某一些能力就能获得。德性在本来的意义上就属于人的精神范畴,其产生和获得都是人的精神起作用的结果。由此构成了德性与精神的深刻关系,将德性与精神紧密地结合起来,形成德性的精神性概念。

一、德性与精神的关系

德性从词源的意义上来说,包含着生命的活动、实践的力量,内在追求的是一种超越自然本性的价值,更好地体现出人的一种向上的活力和价值。其内在的生成依靠的就是人的精神的力量和作用,德性实际上就是由人的精神诞生出来的东西。而人的精神又是什么?按照西方英文中

spirit的理解，精神的一词用spirit来表示，spirit包含着精神、心灵、情绪、勇气和精髓的意思。精神在概念上来说，就是一种富有灵魂的生命性的概念，能够将人的一切东西从自身中推衍和生发出来，获得一种精神性的存在。在中国的文化中，精神是由“精”和“神”两个单独的字构成，“精”的寓意是一切凝聚之物，“神”的寓意是一种灵明的东西，精神结合起来就是一种凝聚灵明的东西，能够将人头脑中思考的东西给诞生出来和实现出来，形成一种现实的样态。德性自身的生命样态必然是由人的精神将其实现出来的。这是仅仅从德性的词源学的意义上来说的。

在德性的现实行为表现和历史的发展中，德性的理解也呈现出各种各样的精神样态。古希腊的亚里士多德就将德性理解为使一个人好又使得他能出色地完成他的工作的品质。这决定了德性是一个复杂的概念，不但包含着理论的层面，还包含着实践的层面。亚里士多德由此将德性分为了理智德性和伦理德性，在伦理德性的阐述里，伦理德性实际上就是一种实践的德性，德性的获得需要人在实践中的理性作用，在中道、过度和不及之间进行选择，只有中道才是德性，其他都是恶性。在对于理智德性的阐述里，“伦理德性曾被解释为一种关于情感和行动的、受理性指导的、合乎中道的心灵品质。但理智德性未明确地被解释。依据相关言论，理智德性是一种关于认识对象的、以理性为工具的、追求真理的心灵品质”[①]。理智德性就是一种追求真理的品质，内在虽然要依靠理性的判断，但更多的是一种精神上的认知和体悟。亚里士多德对于德性的阐述可以说是基于人身上理性和感性本能的对抗性，人的固有理性也并不能解决德性的所有问题，如智慧德性、友爱德性就并不能靠理性来获得，其靠的是人对精神的把握。亚里士多德的德性概念并不都是靠对实践理性的把握，而最高的德性往往是靠人的灵魂和精神来把握。

德国的古典哲学家康德把德性定义为一种道德力量，为什么德性会是一种力量？这一方面源自德语中德性一词tugend包含原始力量和能力的本意，另一方面源自康德自身道德哲学的推论。康德是西方历史上典型的理性主义者，跟很多的哲学家一样，把理性当作了人的本质，人也因

① 唐凯麟. 西方伦理学名著提要[M]. 南昌：江西人民出版社，2000：65.

理性而善,因理性而具有正当性。而与理性相对的就是人的感性。这感性在康德看来,不仅包含人的感性欲望、感性幸福,还包含着人的感性情感。康德认为人的行为要具有纯粹的道德价值,就必须要清除这些感性因素的影响,让行为按照普遍的命令或普遍的法则行事。把按照普遍法则而行为的必然性称为义务,人只有出于义务的法则行为才具有真正的道德价值。义务如何在人这个主体的行动中发挥作用?那就需要德性的作用。德性的准确定义,就是出于对义务法则的遵守而产生的道德力量。德性的获得实际上就需要理性对于义务法则的遵守,同时也就要理性对于感性偏好的克制才可以诞生。德性的力量实际上来自理性对感性偏好的克服,感性偏好的作用越大,德性的力量也就越强,感性偏好的作用越小,德性的力量就越弱。但这样获得的德性是一种什么样的德性?可以说它完全摒除了人的感性因素,依纯粹理性而是纯粹德性。而康德是否一直坚持了这样的德性观点?从很多的论断上来看,情况可能并不是这样。在德福问题的论述上,道德、德性、德行虽然是最应该追求的东西,但幸福对于一个现实的人来说依然是非常主要的。德性和幸福有相互影响的作用。在情感的问题上,德性虽然要清除感性情感的影响,但人的愉快和不快的心境对于人的行为有很大的影响,德性和情感也有相互影响的作用。德性仅仅依靠理性的作用就会导致自身内容的空虚性。从相反的方向来说,康德德性论应包含感性情感、感性欲望和感性幸福的合理内容,其内在的德性矛盾才可以化解。而这些只有人的精神才可以做得到。

因此,德性从词源上来说包含着精神的内涵,其获得是人精神努力的结果,或者说是人生命行动和实践奋斗的结果。从历史上的一些德性论的观点来说,出现了不同的哲学家不同的德性观点,其每一种观点都存在着内在的矛盾。内在缺乏的是人的整个精神上的思考,它们的矛盾的解决也只能从人的精神的总体性角度来进行思考和化解。亚里士多德的德性观实际上已经承认了人的精神和灵魂在德性生成中的基本作用,康德的德性论矛盾的解决只能依靠精神来做整体性的把握。德性与精神的关系,就是德性自身包含着人精神性的东西,其德性的获得和生成都需要精神来发挥作用。德性在整体上就是属于人的精神领域的东西,其产生、获得和生成都需要精神。这是从德性的角度来理解德性与精神的关系。而从精神的角度来理解德性与精神的关系及精神是什么,一般而言,精神是人的一个整体性的概念,或者说是人生命存在的一种实体,没有精神的存在,人就不会生存于世,在行动中没有精神的作用,行动也将无法开展。精神实际是人的本质特征,在总体上,人的一切都是人的精神在发挥作用。在黑格尔的精神哲学里,精神是知其自身现实的理念,世界的万物只有发展到了精神或只有具有了精神才是完善的,精神就成为世间万物,尤其是人活动的基础。世间的一切存在和人世的一切存在都是精神作用的结果。精神因不同的阻碍发展出了不同的形态。属于人的德性当然是精神发展的产物和精神起作用的结果。从精神的角度来论述德性与精神的关系,德性属于精神,或德性就是一种精神。

二、“精神”的客观呈现

如上所述,精神作为世界存在的基础和本原,世间万物只有发展到了精神或意识才具有更高的存在意义。万物要发展到精神并为精神所统领,必然要经过一个复杂的演变过程。黑格尔的哲学总体上分为了三个部分,一个是逻辑学、一个是自然哲学、另一个是精神哲学,“逻辑学研究的是自在而自为的理念的科学,自然哲学研究的是作为理念在它的他在中的科学,精神哲学研究的是精神在此作为从理念的他在中返回自身的理念”[①]。即逻辑学研究的是纯粹理念的科学,或者说关于思维抽象要素的自在自为的科学,不涉及理念的他在方面,而是在思维的抽象要素之内。自然哲学是研究理念异在的科学,或者说是理念的他在的科学,设计的是理念的外在形式。精神哲学研究的是精神或理念从它的异在中返回到自身的科学。精神或精神哲学要诞生出来,必然要经过这两个阶段的发展,而与精神或精神哲学诞生的最切近的科学就是自然哲学。“自然已

① [德]黑格尔.哲学科学全书纲要[M].薛华,译.北京:北京大学出版社,2000:17.

作为他在形式中的理念产生自己。既然理念以此是作为它自身的否定的东西而存在的，或者说，它对自己是外在的，那么自然就并非仅仅相对地对于这一理念是外在的，而是外在性构成自然在其中作为自然而存在的那种规定。”①自然就是理念或精神的外在存在方式，精神的诞生必然要克服自然的这种相互的外在性。“自然界作为精神的‘外在化’或‘自我异化’应该有三个方面的内容：第一个是它与精神的相互外在，第二个是它自身规定的相互外在，第三个就是它具有能够在发展中克服这两种外在性，回归为精神的内在性、主观性的趋势。”②自然就一方面是精神的外在性，另一方面又有发展为精神的内在主观能动性。精神必然以自然作为前提，并同时是全部自然哲学发展的归宿。

精神在从自然的外在性、必然性和偶然性返回自身以后，精神就发展出了自身的哲学体系。由于精神的自在、自为和自在自为的发展本性，精神哲学就分为了三种逻辑形态。第一种形态是主观精神，第二种形态是客观精神，第三种形态是绝对精神。主观精神是在自己的观念中发展和认识的精神，客观精神是精神在客观实在性中呈现出来的精神，绝对精神是精神在自在自为存在着的统一性和绝对真理中显示出来的精神。主观精神是精神在主观自身内的显现，这包括直接的人类学对象的自然精神或灵魂、自为的精神现象学对象的意识和在自身内规定自己的心理学对象的主体精神。绝对精神是精神永恒地在自身内存在着的自在自为的精神，精神的这种向自身永恒地返回的同一性就包含了直接性的同一性艺术形态、自为地同一的宗教形态和自在地产生着的同一性的哲学形态。而在客观精神中，精神自为地在客观的外在环境中显示出来，“客观精神是理论精神和实践精神的统一性，是自由的意志，这种自由意志是自为地作为自由的意志，因为它迄此的实践内容的形式主义、偶然性和局限性已扬弃自己”③。精神在客观中的显示就必然涉及一个行动的问题，行动就

---

① [德]黑格尔．哲学科学全书纲要[M]．薛华，译．北京：北京大学出版社，2000：158.

② 祁晓杰，王天成．黑格尔自然哲学及其评价角度[J]．人文杂志，2013(5)：14.

③ [德]黑格尔．哲学科学全书纲要[M]．薛华，译．北京：北京大学出版社，2000：318.

必然涉及意志自由的问题,意志自由就成了精神客观化的一个内在的特征。由意志自由的不同呈现方式分为了抽象法、道德和伦理三种形态。

为什么精神在客观的呈现中会涉及道德和伦理的问题,或者说为什么精神的客观显示是道德和伦理的问题?这个问题涉及黑格尔道德哲学思想的根本问题,也是精神哲学的一个基本问题。精神在由自然发展而来以后,超越了自然的必然性和偶然性,对人的世界和人类的认知进行从先的审视。其认为人的认识都从自身开始,苏格拉底的命题“认识你自己”,人对精神的认识也应该从精神自身开始。精神首先在超越了自然的外在性和偶然性以后回复自身,这种自身就是对精神自身的认识。内在的矛盾和发展必然驱使精神对自身的认识。“精神在其观念性内发展着自己,是作为认识着的精神。但是认识活动在这里并不是单纯如同它是作为逻辑理念的理念的规定性那样来加以理解,而是如同具体的精神把自己规定为认识活动那样。”[①]精神作为超越逻辑理念和自然的外在理念的东西,必然首先确定自身的认知问题。精神首先进行自我的认知正是超越逻辑理念和外在自然理念的一个结果。

而精神如何对自身进行认知?首先和其他哲学家一样,就是对人类灵魂的考察,认为灵魂是人的实在和实体。但人的这种灵魂只是直接的,没有使之与外在的环境相连,产生精神的反应。精神的反应就是在自身内和在他物内同一的意识,而这种意识也同样没有达到自身的认知。在灵魂和意识中形成自身的主体认识,就构成了理性的认知。这样主观精神就达到了在自身内规定着自身的自在自为的主体。由此构成了理性心理学讨论的范畴。精神在这里表现为三种形态,即理论精神、实践精神和自由精神。理论的精神就是人的认知必须要与理性建立联系,以建立起自己的东西,实践精神就是打破这种直接的联系而通过实践的意志来建立自己的内容,自由精神就是以自己为对象建立起来的精神。“就内部来看,理论精神的产品只是其观念的世界和在自身内获得抽象的自我决定。实践精神虽然只与诸自我决定、与它自己的但同时也是形式的材料、因而与有限制的内容打交道,它给这内容取得普遍性的形式。就外部来

① [德]黑格尔.哲学科学全书纲要[M].薛华,译.北京:北京大学出版社,2000:260.

说,由于主观精神是灵魂和意识的统一,就此也是存在着的、同时是人类学的和与意识相一致的实在性,它的产物在理论的范围里是话语,在实践的范围内是享受。”[①]理论精神和实践精神只有到了自由精神里,其内在的矛盾才会得到一定的解决。但这种自由精神只是自己建立起来的普遍性,只有在它思考自己,自己作为自由理智的意志的时候才会获得的主观认知。精神要扬弃这种主观精神的个别性、抽象性,就必须要向前发展去获得普遍性,在客观的环境中实现出来,在更深层次的人的意志中实现出来。在精神的这种意志的客观实践中就必然会涉及人客观存在的法、道德和伦理的问题。

精神的客观实现依靠的就是意志的实现,意志是精神实现的前提,同样也是人行动的前提,意志就必然是自由的。自由意志就构成了精神的规定,也构成了现实的人的规定。个人在现实中给予自由意志的直接定在,就是法权,也就是形式的抽象法。这是作为一个人的基本的精神定在。在抽象法的阶段里,法给予自己的最直接的定在就是所有权,即人的定在就是获得所有权,而这只是从法的直接定在来说的。这种法的定在只是人格的保障,内在地则需要建立起与他人的关系,在他人的承认中、在契约中获得自己的真正定在,最后形成一种共同意志。但这种共同意志也可能是特殊意志,这就会产生不法和犯罪的问题,同时就产生了道德的问题。道德意志在形式法中必然是一切行为都是我的行为,也就是出于我的主观故意,在行为的特殊方面,一切行为又都是出于我的意图和主观的定在目的福利。而使这些内在的东西上升为普遍性的就是善和良心。善和良心同样是一种抽象性的原则,只是主观地要求行为具有客观性和普遍性,会演变成一种虚无的自我确信。主观意志和善的具体同一就只能在更大的客观性即伦理中来完成。“伦理性的实体包含着同自己概念合一的自为地存在的自我意识,它是家庭和民族的现实精神。”[②]这种伦理实体的精神发展就是直接伦理精神的家庭、单个人联合的市民社会和普遍物的实体国家。

① [德]黑格尔. 精神哲学——哲学全书·第三部分[M]. 杨祖陶,译. 北京:人民出版社,2006:246.
② [德]黑格尔. 法哲学原理[M]. 范扬,张企泰,译. 北京:商务印书馆,1961:173.

三、德性的“精神”本质

依以上对于德性与精神关系的阐述和精神客观显示的阐述，可以看出的是，德性在词源的意义上包含着精神的含义，或者说在词源的意义上它就是人的一种精神，体现在德性的内在修炼和外在实践中，同样是人的精神在起作用的结果。没有精神这个整体性的存在，人的德性是不可能具有生命性和在人的行为中显示出来并发挥作用的。德性的产生、作用和行为的结果都是人的精神在发挥着作用。从黑格尔的精神哲学来说，精神是世界的本原，也是人把握世界的方式，世间的一切都是精神发展的结果，人的一切更是精神发展的结果，因为精神只有到了人这里才会得到真正的呈现，而其他只是一种潜在的精神发展方式。在精神对世界的把握中，黑格尔相继分为了主观精神、客观精神和绝对精神三个由低到高的发展形态。精神对世界的真正把握也就分为这样三种逻辑形态。精神在客观精神的发展中呈现出了伦理道德的问题，这是精神发展的一个必然的阶段。因为精神要真正把握世界、把握自身就必须要将自己客观化，在客观的伦理道德中认识自身和发展自身。

这样精神客观化自身为伦理道德的问题，伦理道德就是一种客观精神，也就是一种精神，属于伦理范畴的德性就也是一种客观精神、一种精神。德性与精神的关系就出现一个包含的关系，不论是从词源上来说、从德性获得和发挥的作用来说，还是从黑格尔哲学视域下的伦理道德与精神的关系、德性与精神的关系来说，德性属于精神，需要精神的作用、转换、推动和呈现，而不是精神属于德性。人的精神是一个整体性的概念，它不仅包含伦理道德的问题、德性问题，还包含着其他领域的种种问题。德性就作为一种精神，或精神的一种呈现方式存在于人的客观世界中。

在人的客观精神世界中，黑格尔在《精神现象学》中采取的精神推进路径是伦理—教化—道德的方式，在《法哲学原理》中采取的是抽象法—道德—伦理的方式。二者从表面上看起来似乎是矛盾的，同为客观精神却出现了两种不同的路径。由于精神是意识和意志、知和行的统一，《精神现象学》是从人的意识，也就是从人的知的角度来呈现精神的客观发展形态的，《法哲学原理》是从人的意志，也就是从人的行的角度来呈现精神的客观发展形态的。伦理道德的精神呈现应同时考虑这两者，德性的呈现也应同时考虑这两者。在《精神现象学》中，黑格尔是用意识在呈现客观精神，意识经过发展在成为自我意识以后，自我意识又发展为理性，理性等于就是意识和自我意识的统一，所解决的问题是意识、现象自身的确定，而不涉及客观的层面。而当理性发展为精神时才涉及客观的方面。“当理性之确信其自身即是一切实在这一确定性已上升为真理性，亦即理性已意识到它的自身即是它的世界、它的世界即是它的自身时，理性就成了精神。”[①]即理性及其现实化就是精神，精神正是能够将理性加以发展并呈现出来的东西。精神自身又是什么？“既认识到自己即是一个现实的意识同时又将其自身呈现于自己之前(意识到了其自身)的那种自在而又自为地存在着的本质，就是精神。”[②]即精神就是既能够意识到自身又能将自身实现出来的自在自为的本质。精神客观化自身就是精神冲破了自身的主观范畴并进入客观的实体性领域，“精神既然是实体，而且是普遍的、自身同一的、永恒不变的本质，那么它就是一切个人的行动的不可动摇和不可消除的根据地和出发点，——而且是一切个人的目的和目标，因为它是一切自我意识所思维的自在物”[③]。在这种实体当中，一切都是围绕精神的这种自身同一性，本质上又包含着自为和分裂的内涵。精神自己支持自己的本性就要发生分裂、产生异化，最终才能获得自身的真正的主体性认知。因而精神客观化自身的演变首先就从一个真实的精神即伦理开始，由伦理世界的分裂而产生了教化的世界，再由教化的世界产生道德的世界，精神最后在道德世界观中获得了自己对于自身客观化的认识。德性也在精神的这种客观化的过程中阶段性地呈现出来。

在《法哲学原理》中，精神显示为意志，意志就与行动和自由有关，或者说意志天生就包含着自由和行动的内涵。精神作为意志要在客观世界中实现自身和显示自身，首先面临的就是现实的行动依据问题。这个现

① [德]黑格尔．精神现象学(下)[M]．贺麟，王玖兴，译．北京：商务印书馆，1979：1.
② [德]黑格尔．精神现象学(下)[M]．贺麟，王玖兴，译．北京：商务印书馆，1979：2.
③ [德]黑格尔．精神现象学(下)[M]．贺麟，王玖兴，译．北京：商务印书馆，1979：2.

实的行动依据和行动理论就是关于法和法哲学的言论。黑格尔认为法的基地是精神，它的出发点和确定的地位是意志，而意志是自由的，自由意志就构成了法的实体。法的体系实际上就是由意志产生出来的精神世界。而意志要在客观的世界里实现自身和获得自由就必然要经过三个阶段的逻辑发展。第一个阶段就是直接的意志，即抽象法的领域，“它的概念是抽象的，即人格，而它的定在就是直接的、外在的事物”①。意志就是通过外在来获得自己的定在和自由。第二个阶段就是反思的意志，即道德的领域。意志在这里被规定为了与普遍物对立的主观单一性，意志通过主观的善和良心来获得自由，形成主观意志的法。第三个阶段就是直接的意志和反思的意志相统一并获得实现的阶段，即伦理阶段。意志就在这里获得了实体性的自由。德性就在意志的实体性阶段即伦理中显示了出来。“伦理性的东西，如果在本性所规定的个人性格本身中得到反映，那便是德。”②即德性就是伦理性的东西在个人性格本身中的反映。“一个人做了这样或那样一件合乎伦理的事，还不能就说他是有德的；只有当这种行为方式成为他性格中的固定要素时，他才可以说是有德的。德毋宁应该说是一种伦理上的造诣。”③即德性应是在伦理中通过不断的修炼才能形成的。

因此，德性的“精神”显现就是德性的客观精神显现，因为精神只有在客观化里才涉及人的伦理问题和人的德性问题，德性也只有在现实的客观环境和现实的行为中才能够获得自己的内容和展示的场域。按照人是一个精神的存在者的说法，德性就是人的精神发展出来的结果，或者说是人的精神在客观的行为中显现出来的现象。黑格尔的精神概念和精神的客观形态正是德性得以呈现的最佳途径。德性就是精神客观呈现出来的东西。在客观精神的呈现里，精神呈现的两种方式，一种是意识，一种是意志，或者说一种是思维，一种是行动。德性作为一种精神或精神的一种现象，就同时包含着对这两种方式的理解。而人的德性在整体上也包含

① [德]黑格尔. 法哲学原理[M]. 范扬，张企泰，译. 北京：商务印书馆，1961：41.
② [德]黑格尔. 法哲学原理[M]. 范扬，张企泰，译. 北京：商务印书馆，1961：168.
③ [德]黑格尔. 法哲学原理[M]. 范扬，张企泰，译. 北京：商务印书馆，1961：170.

着意识和意志、思维和行动两个方面的内容。这源自人这个整体性的存在，人不仅有意识、思维，还有意志和行动。在人的精神的意识方面，德性的生成靠的是人的意识和思维，意识到自身行为与他人的关系性、与整个社会的关系性，以及如何把握自己。德性的很多理性主义的观点就来自于精神的意识层面的这一理解，把人的内在感性欲望当作了德性的获得的障碍，意识到德性的获得必然要克服这些感性的本能欲望。德性的精神意识却超出了德性的理性理解，它不仅能够意识到人的感性因素对德性形成的阻碍，还能够意识到这些感性因素对于德性生成的作用。如人的本能冲动虽然是德性要克制的东西，但它同时更促进了人对于德性的认知，形成一种良好的德性意识，保持自身和他人关系的良好状态。德性精神意识的客观显现，就是德性既能够意识到自身的品质，又能够意识到与他人关系的品性。在人的精神的意志方面，德性的生成靠的是人在外在的实践中，与他人、社会的关系中获得的一种品质。这就必然涉及与人的现实行为活动的相关领域，最为基础的就是一个法的领域。人要按照法来进行行动，人的德性也要在法的范围内里进行活动。德性的最为典型的获得方式就是在与他人的矛盾关系中、在各种伦理的范式中通过克制、扬弃和不断的锤炼来生成。由此构成德性是一种精神的本质性理解。

第四节　德性的“精神”生成

以上讲述了德性是一种精神，一方面从德性词源的精神含义来说，德性在原初上就是人的一种精神显现，是人精神作用的结果；另一方面从黑格尔精神哲学的角度来说，德性是精神的客观显现，是精神客观化自身显现出来的东西，关于人的所有伦理道德也在精神的客观化中显示出来，伦理道德的获得和生成、德性的获得和生成都是精神起作用的结果。黑格尔的精神哲学是对精神阐述最完整的哲学理论，伦理道德作为一种精神现象，德性也作为一种精神现象，按照黑格尔精神理论的理解，德性必然有着自身的生成内容和生成模式。“伦理的人格，也就是说那为实体性的生命所渗透的主体性，就是德。就外在的直接性、某种命运来看，德是一种对于作为非否定物的存在的态度，并因此而是在自己本身内的平静稳定；就实体性的客观性、伦理现实的全体来看，德是信赖、有意为这现实工作和能够为它献身；就与别人关系的偶然性来看，德首先是公正，而后是仁爱的倾向。”①即德性就是一种伦理的人格，就外在的直接存在状态来说，是主体内在的平静稳定；就伦理实体的客观性而言，是为实体的奉献和献身；就与他人的关系而言，表现为公正和仁爱的倾向。德性自然是在精神发展的伦理环节和伦理现实中体现出来。

黑格尔的另一观点同样验证了这样的结论。“关于德的言论，容易迹近空话，因为这种言论尽是讲些抽象的和没有规定性的东西，并且这种言论中的论据和阐明都是对着作为一种任性或主观偏好的个人而提出的。在现存伦理状态中，当它的各种关系已经得到充分发展和实现的时候，真正的德只有在非常环境中以及在那些关系的冲突中，才有地位并获得实现。”②这段话的第一个层面说的是德性是对于主观偏好而提出的，这也是很多理性主义德性论者所持的内在观点；第二个层面是德性在现存的伦理关系和伦理冲突的实现。德性显然是在现实的伦理中才能获得真正实现，处理人面临的一些现实的伦理关系、伦理冲突问题。由此，德性的自身生成就是在精神发展的客观伦理中。德性的生成过程就由精神辩证发展体现出来。

一、主观偏好的扬弃

德性作为一种精神，或是精神客观化自身的结果，在自身的生成过程中首先要面对的就是人的自然性问题，也就是人的主观偏好问题。这可以包括人行为的主观需要、主观动机、主观利益和主观幸福的内容。人作

① [德]黑格尔．精神哲学——哲学全书·第三部分[M]．杨祖陶，译．北京：人民出版社，2006：330.
② [德]黑格尔．法哲学原理[M]．范扬，张企泰译．北京:商务印书馆,1961.168-169.

为一个现实的存在者,在现实的行为过程中首先面临的就是人的这些主观偏好问题,而这些主观偏好的满足就会涉及人的主观意志问题。按照意志的规定,人作为一个现实的人必然拥有着自身的人格定在,那就是对于外物的占有和使用。这只是从人的这种基本的定在样态来说的,在理念上人是该天生地拥有这些东西才能构成人的存在。但现实的每个人都是一个独立的存在者,个人的这种人格的定在和主观满足就需要个体的现实行动,运用人的主观意志来进行认识,与他人建立关系、订立契约并获得他人承认,个人的这种先天的愿望和主观的偏好才可以得到真正的满足。

主观意志是发自人内在的意志,是人依靠自己的内在需要和内在需求而生发出来的意志。黑格尔在客观精神的《法哲学原理》里阐述了主观意志的内容,认为法的确定的地位和出发点是意志。意志首先在抽象法中的体现就是对于外物的占有和所有,将自己的意志置于外物中或者在外物中体现自己的意志。“人有权把他的意志体现在任何物中,因而使该物成为我的东西;人具有这种权利作为他的实体性的目的,因为物在其自身中不具有这种目的,而是从我意志中获得它的规定和灵魂的。这就是人对一切物据为己有的绝对权利。”[①]即人有权利将自己的意志置于外物中以获得人自身的定在性。但这只是从抽象的角度而言,现实的对于外物占有的意志包含的是我的特殊意志和特殊的利益,自己是由于自然的需要和任性而将外物变为我的东西,变成由我的意志所支配的东西。这种意志就仅仅是一种特殊的意志和单个人的意志。而普遍的意志就是我的意志要同时与他人的意志统一和共存,这就涉及他人的意志的问题。我的意志的真实的表现就是,我的意志同时是得到他人承认的意志,依共同的意志而获得真实的内容。这种共同的意志就是契约精神,保持双方的权利义务关系。但这种共同意志、契约精神虽然具有普遍意志的性质,但仍是一种特殊意志。“在直接的人之间的相互关系中,他们的意志一般来说虽然是自在地同一的,而且在契约中又被他们设定为共同意志,但仍然是特殊意志。因为他们都是直接的人,所以其特殊意志是否与自在地

① [德]黑格尔. 法哲学原理[M]. 范扬,张企泰,译. 北京:商务印书馆,1961:52.

存在的意志(唯有通过特殊意志才获得实存)相符合,乃是偶然的事。”[1]契约中的共同意志实际上是双方的任性和特殊意志构成的,个人的特殊意志包含着很多的主观性和不确定性。

主观意志就由人的这种特殊的意志诞生出来,在主体自身内进行反思,认为意志是我的意志、就是我的意愿和行为。“由于主观性如今已成为概念的规定性而与概念本身即自在地存在的意志有别,又由于主观意志同时作为自为地存在的单个人而存在(也还带有直接性),所以主观性就是概念的定在。这样,就对自由规定了一个更高的基地,现在,理念的实存方面或它的实在环节是意志的主观性。”[2]即主观性作为概念的定在,主观的意志是理念的实存的环节,概念和理念因主观意志而获得现实的实现。但这种主观意志在具有客观性的同时,也具有特殊性的规定,就是它仍是属于主观的东西。主观意志对于外物的把握是将自己的意志包含在外物内体现我的意志,这就包含了意志的目的和内容。任何出于我的意志的行为就都是我的行为,且包含着我的意图和目的,满足的是我的主观偏好。“在行为的直接性中的主观意志的有限性,直接在于其行为假定着外部对象及其种种复杂情况。行动使目前的定在发生某种变化,由于变化了的定在带有‘我的东西’这一抽象谓语,所以意志一般说来对其行动是有责任的。”[3]人的主观意志的行动包含着定在性的东西,其行动就是有责任。又由于行动又是我的行动,当然就包含着我的意图和目的。意图作为主体行动的内在动力和普遍的指向,意图的定在当然就是为了人的主观满足,主观满足的总体就是人的福利和幸福问题。而主观的幸福和福利所包含的依然是人的特殊意志,主观意志的普遍性的实现还是要回到善的理念上,依靠人的良心来进行裁定,达到个别意志、特殊意志和普遍意志的统一。

德性作为精神客观化的产物,或者说德性作为一种客观精神,在认识自身的过程中,必然会首先涉及人的主观性问题。因为德性是在客观化

① [德]黑格尔. 法哲学原理[M]. 范扬,张企泰,译. 北京:商务印书馆,1961:90.

② [德]黑格尔. 法哲学原理[M]. 范扬,张企泰,译. 北京:商务印书馆,1961:110.

③ [德]黑格尔. 法哲学原理[M]. 范扬,张企泰,译. 北京:商务印书馆,1961:118.

的实践中形成的，德性行为的实践性必然涉及人的意志问题。人的精神首先具有的是人的主观性意志，意识到外在的行为是我的意志的行为，且行为包含着我的意图、福利和内在良心的判定。德性作为一种精神并不是一下就能诞生出来的，而是要经过一定的发展。主观意志是精神在客观化的过程中诞生出来的，目的是为了更好地论证客观意志。但主观意志作为人的精神在实践中的显现是必然的，人的所有行为在开始的时候都仅仅是内在的、主观的和特殊的，这也才能构成人的定在所在。人的德性形成必然涉及人的主观意志方面，人的思想行为的内在方面，德性动机论、德性幸福论成了历来哲学家们广泛探讨的话题。具体而言，人的德性形成必然需要主观意志的行动，认识到人的内在责任、意图和目的，形成德性自身的一种内在的主观性的认识。对此很多的理性主义德性论者进行过大量的论述，修身、克己和对感性偏好的克服，最后获得一种具有普遍性的德性认知。这种主观性的德性行动实际上依然是片面的，针对的只是人的感性偏好，德性的真正发展和生成必然要走出这种主观性的局限，扬弃这些感性偏好对行为的影响，到客观的环境中实现出来和显示出来，因而德性与主观意志是一种辩证的关系。矛盾的地方在于，德性必然不能只涉及主观意志的方面，真正德性的认识需要走出主观意志进入客观意志的伦理环境中；统一的地方在于，德性必然要包含主观意志的内容、主观偏好的内容，才能够获得自身的认识以在客观中得以显现。因此，德性的精神生成首先就要扬弃人的主观意志的行动，进而扬弃人的主观偏好，才可以进入客观的伦理世界中获得自身的真正认识。

二、客观伦理的践行

德性通过主观意志扬弃了这些感性偏好作用，内在形成了一种主观德性，明白自身的责任、意图和目的，获得了一种主观的自由，使自己不再受到自身感性因素的控制，并形成了一定的内在道德品质。但这种主观的德性是不是已经符合人的德性，或者说这种主观的德性是不是仅仅依靠人的主观意志就能够获得实现？答案当然是否定的，人无不生活于一定的客观环境中,一个单纯依靠主观意志行事的人可以说是一个非现实的影子,人的所有行为只有在客观的环境中展示出来才是一种真正的行为。如果一个行为不能在客观中得到显示,那么这个行为肯定是非现实的。德性的主观意志呈现必然要向客观意志转化和显示,这样才能真正扬弃人的主观偏好,在客观的伦理环境中生成德性。

德性的主观意志是德性在自身内获得了对于自己的认知,知道自身的行为应该是具有道德属性的,不再受到人的感性偏好的限制,相反地是对他们的克服和战胜,赢得一种不受人的感性本能因素影响的道德品性,且同时意识到自身行为的目的性和价值性,形成德性的主观自由。但德性的这种主观自由的缺陷在于只是一种主观的应当和应该,不具有客观性。真正的德性、德性自由应在客观的世界里才会真正得到实现,同时依靠人的意志在客观伦理的践行中才可以获得。黑格尔在《法哲学原理》中指出,真正的德性只有在与他人的矛盾关系中、在客观的伦理环境中才可以真正形成。德性依靠人的主观意志摆脱了人的感性偏好并扬弃了他们的作用,进入人行为的客观领域,依靠人的实践意志来处理自身的行为问题,进一步获得对于德性的认识。"个人主观地规定为自由的权利,只有在个人属于伦理性的现实时,才能得到实现,因为只有在这种客观性中,个人对自己自由的确信才具有真理性,也只有在伦理中个人才实际上占有他本身的实质和他内在的普遍性。"[①]这一方面说明了个人的主观自由需要在客观的伦理中才能获得真正地实现,另一方面也说明了人的德性只有在客观的伦理环境中才能获得实现,并同时赢得德性的自由。

德性与客观伦理的关系就是德性只有在客观伦理中才能很好地呈现出来,客观伦理构成的是德性的内在本质。相比德性在主观意志或主观自由的层面来讲,德性在客观伦理或客观意志的层面体现的就是,德性不再仅仅是个人主观内依靠意志和理性对自身感性偏好的扬弃,还是德性的获得和生成进入了人的真正客观伦理层面,在与他人的现实交往中,在现实的伦理关系和伦理环境中生成德性。德性在主观意志或主观自由的层面获得的仅仅是主观内在的自由,即自身不再受自身感性因素和主观

① [德]黑格尔. 法哲学原理[M]. 范扬,张企泰,译. 北京:商务印书馆,1961:172.

偏好的控制,而德性在客观伦理和客观意志的层面获得的就是一种现实的自由和实实在在的自由。一方面通过与他人发生关系形成一种真实的德性品质,另一方面通过与伦理实体发生关系形成一种普遍的道德品格。德性的真正形成就只有在一定的伦理环境中,通过客观意志的行动而获得。

三、伦理实体的依归

德性作为一种精神在经过了主观意志的发展后,呈现出来的矛盾就是,德性的主观性与德性的客观性、实在性的差别。德性仅仅停留在主观的层面,依靠主观的意志对内在感性因素的扬弃,这样形成的德性品质就具有抽象性和个别性的性质,没有真正的实体性。德性要获得真正的认识,必然要由主观意志发展到客观意志,依靠人的客观意志在现实的伦理关系和伦理环境中把握,进而德性获得真正地实现,进入客观自由的领域,人也才能获得客观的自由。而德性最终的生成在那里,或者说德性的最高呈现在那里,人必然要生活于一定的伦理实体中。那些仅仅依靠个人内在的单纯意志获得的德性就可以说不是一种真正意义上的德性,只能算作是一种非现实的个人品格。那些在现实的伦理关系中通过客观意志而获得的德性,是对人而言的真实的德性。但真正的德性、完善的德性必然是在伦理实体中获得的。这就决定了德性具有伦理实体的造就本性,自身的生成要在伦理实体中。黑格尔提出的“德是伦理性的东西而应用于特殊物”①,也印证了德性将在伦理实体中诞生。

伦理实体是什么？按照精神发展的逻辑,精神在经历了主观精神的发展后,必然向着客观精神的方向发展,而客观精神就进入了现实的伦理实体领域。对于伦理实体的理解首先得从伦理开始。人的属于精神发展的意志在经历了抽象法和道德后,必然向着伦理阶段发展。“无论法的东西和道德的东西都不能自为地实存,而必须以伦理的东西为其承担者和基础,因为法欠缺主观性的环节,而道德则仅仅具有主观性的环节,所以

① [德]黑格尔. 法哲学原理[M]. 范扬,张企泰,译. 北京:商务印书馆,1961:169.

法和道德本身都缺乏现实性。只有无限的东西即理念，才是现实的。”[①]伦理就是法和道德发展的自由的理念，“就是成为现存世界和自我意识本性的那种自由的概念”[②]。伦理针对主观的东西而发展出来，成为一种自由的理念、活着的善和一种客观性的东西。由于伦理自身内在的差异性，在现实的表现上就必然具有不同的伦理性的东西和现实的伦理性的实体。“伦理性的实体，它的法律和权力，一方面作为对象，对主体说来都是存在的，而且是独立地——从独立这一词的最高涵义来说——存在着，它们是绝对的权威和力量；另一方面，伦理性的实体，它的法律和权力，对主体说来，不是一种陌生的东西，相反地，主体的精神证明它们是它所特有的本质。”[③]伦理性的实体就包含着法律、权力的真实性和主体的精神本质性。在这种伦理性的实体中个人的主观意志就消失在伦理实体中。伦理实体就是包含着个别性与普遍性统一的精神本质，在其精神的发展中，呈现为家庭、市民社会和国家三种形态。

德性是在精神发展的客观形态中体现出来的，客观精神主要体现人的意志和自由的实现。人的意志和自由在开始的时候存在于一些普遍的抽象领域，依人的存在而应该具有相应的权利、地位、福利和获得相应的尊严。这时的德性表现就是人应该具有德性，才配作为一个人和享有应得的东西和待遇。但这只是从人的存在本体上来说，人的自由和人的德性是这样的。精神的发展把这些都看作是一种抽象的和非现实的东西，人的存在现实同样也会把这些看作是非现实的东西。现实的人的意志自由和德性靠什么来依托？精神的回答和现实的供述只能是客观的伦理实体。真实的德性必然是要在伦理实体中才能够真正地诞生出来，这既可以从德性精神的理论上来进行解答，也可以从德性获得的现实来进行确证。从德性精神的理论层面来说，德性要由主观心理的层面、理性心理的层面进入客观伦理现实的层面，德性才算走向现实、走向生活，在现实的生活环境中和伦理实体中产生德性和运用德性。从德性获得的现实层面

① [德]黑格尔．法哲学原理[M]．范扬，张企泰，译．北京：商务印书馆，1961：162-163.

② [德]黑格尔．法哲学原理[M]．范扬，张企泰，译．北京：商务印书馆，1961：164.

③ [德]黑格尔．法哲学原理[M]．范扬，张企泰，译．北京：商务印书馆，1961：165-166.

而言，现实的德性获得必然要在一定的社会关系和伦理实体中，没有伦理实体的存在，人的德性就没有了形成的基础，如没有社会、国家和社会团体及它们的现实存在，德性就无从谈起。由此构成了伦理实体作为德性依归的论述。

四、德性的辩证逻辑发展

德性作为一种精神，是精神客观化自身发展出来的结果，同时也是德性精神自身内在呈现出来的结果。精神对于世界的认知有一个曲折的辩证发展过程，德性对于自身的认识也有一个辩证的发展过程。而德性自身如何来进行生成，在精神的指导下，或者说在自身内在精神的作用下，德性如何具有自身的内容，以在客观中得以真正呈现，并同时在人的实践中发挥作用？从以上德性对于主观偏好的扬弃、客观伦理的践行可以看出，德性自身的发展包含着一个辩证的过程。从总体上而言，德性在人身上首先体现的就是自身的主观性问题，德性的形成必然要与人的感性本能进行斗争，对人的主观偏好进行调节，通过意志和理性来进行克服，以使行为具有德性，这样获得的德性同时体现在人的主观自由里。但这种德性仅仅是在人自身内形成，人必然要与他人和社会发生关系，德性的发展必然要走出自身进入客观的世界中，依客观的意志来处理自身和他人、社会的问题，这样形成的德性才会是真正的德性，享有的就是客观的自由。而德性的这种客观的自由又只有在真正的伦理实体中才会得到很好的实现，伦理实体成了德性生成的最终保障。这实际上就讲出了德性生成的辩证逻辑要义。

人作为一个精神的实体，拥有精神是人存在的基础，拥有的伦理、道德、德性也同样是人得以存在的基础，否则人不能称其为人，而是其他存在物。按照精神是人存在的本质来说，德性就是人的精神诞生出来的结果，或者说德性就是人的一种精神。德性在开始认识自身的时候，本能地就会想到德性与人自身本能欲求的矛盾性，德性的要求就是人不能依感性的本能行事，同时必须要战胜感性因素对于德性行为的影响。按照康德的说法，德性的获得必然要以对感性偏好的克服为前提，德性的力量也因感性偏好的强大而具有伟大性。从某种程度上来说，德性的存在是与人的感性偏好共存的，没有人的内在感性本能，德性就不会出现，但人的这种感性本能具有的是本能的冲动和任性，现实的矛盾必然决定了德性要扬弃它们，使人不再受感性本能的控制，形成一种内在的道德品质。这是从人自身所包含的因素来对德性进行矛盾的分析。这样以人的意志或理性对于人的感性本能的克制形成的德性是否就是对人而言的真实的德性？依人的社会本性和实践本性来说，仅仅通过对人的感性因素的克服而形成的德性只能是一些非现实的阴影。德性的真正生成必须要向前发展，进入人的客观实践层面，在与他人的现实关系中，与他人的感性因素发生矛盾，同时反观自身的道德行为，才可以在自身形成一种德性。这种德性不仅包含了自身内在的矛盾问题，同时也包含了与他人关系的矛盾问题，最后扬弃这些矛盾得以形成。而这种通过与他人发生关系形成的德性又是不是一种真正的德性？答案当然又是否定的。因为人只有生活于一定的伦理实体中，这个人才是真实的存在，德性最终只有在伦理实体中才能真正形成。这种德性不仅能够扬弃自身的感性因素和他人的矛盾问题，而且还要在伦理实体中进行不断地锤炼，形成一种真正现实的客观的德性，对于人自身、他人和伦理实体都具有普遍的性质。

德性生成的辩证逻辑就是首先从德性自身开始，把人的感性本能、主观偏好作为自身的对象加以扬弃，形成一种内在德性，再是把与他人的现实矛盾关系作为对象加以扬弃，形成一种现实的德性，最后是在伦理实体中、在与伦理实体的关系中形成一种真正的德性。德性的真正获得和生成必然要经过这三步的发展，从主观到客观、从内在到外在，最终形成主观与客观、内在与外在相统一的德性。这构成了德性精神整体上的理解和精神发展逻辑上的把握，同时赋予了德性精神的丰富内容，以区别于其他德性论的理解。

第三章

德性的“精神”形态

德性是一种精神，或者说德性是一种精神现象，这是德性和精神所共同得出的结论。按照德性的理解，德性的产生和在人身上的生成必然要依靠人的精神力量，是人的精神诞生出来的结果，而德性的诞生和生成也并非一蹴而就，个人对于德性的认识也是一个逐渐深化的过程和精神不断加深的过程。按照精神的理解，德性必然是由精神诞生出来的东西，因为精神不仅是人存在的基础，同时还是世间万物存在的基础，只不过精神是在人身上才完美地体现出来。精神对于世界的把握是采取理念式的或概念式的，由理论到现实、由内在到外在、由个别到普遍、由低级到高级构成了精神发展的内在本质。由此精神的发展就呈现为主观精神、客观精神和绝对精神三种形态。德性与精神的相通性，或者说德性就是精神的一种客观呈现，由人的德性的生成过程和精神自身的发展过程，决定了德性自身的生成或德性自身的真正认知必然也有一个精神认识的过程。这才符合德性精神的辩证逻辑本性和德性的真正理解，以此构成对德性精神形态的认识。

第一节　德性的“精神”形态依据

德性作为一种精神是从德性自身的概念和精神呈现的概念共同得出的结论。在人的精神领域,或者说在精神哲学的领域,人的一切都是精神起作用的结果。德性就当然是人的精神作用的结果,或者说德性是精神显现出来的结果。人因有精神的存在才是一个现实的存在者,同样人因有德性才是一个真实、合格的存在者。人的精神和德性都是人存在的基础,这是人这个存在者必须要具有的毋庸置疑的东西,或者就是人先天应该具有的东西。而精神在人的世界如何显示出来,德性在人身上如何显示出来,就会出现精神的显示问题和德性的生成问题。根据德性自身的特性和精神自身的特性,即德性在内涵上包含着精神的意思,精神则在客观中呈现为伦理、道德和德性,德性实际上就是一种精神,严格来说是一种客观精神,其自身的生成具有辩证的逻辑本质。

按照黑格尔精神哲学的理解,精神具有自在自为的辩证发展特征,精神在世界的呈现总体上分为了三种形态,即主观精神形态、客观精神形态和绝对精神形态。在客观精神形态的呈现方面,按照精神作为意识的理解又分为了伦理、教化和道德三种形态,按照精神作为意志的理解分为了抽象法、道德和伦理三种形态。而在精神的客观形态里就包含着伦理道德和德性的内容。为什么精神分别作为意志和意识在客观世界的呈现会出现不同顺序的形态?原因可能在于意识是精神从低到高地显示自身,意志是精神从低到高地实现自身,二者实际上并不冲突,一个是把伦理作为了起点,一个是把伦理作为了终点,都是为了在客观世界更好地显示自身和实现自身,都把伦理作为重要的东西,这恰好证明精神是意识和意志、知行统一的。从一个起点进行圆圈式的发展,使起点和终点合一。德性属于伦理道德的范畴,同样是精神的客观呈现。精神自身在客观中呈现出自身发展的诸多范畴,使得精神在客观中得到了自身的发展认识。德性作为一种精神,作为人存在的基础或人的精神品格,要获得自身的真正认识,也必然要经过一定的发展过程,才能在人身上形成一种普遍性的认识,使人一想到德性和运用德性就会把德性看作是一种精神性的东西,内在包含着辩证的发展内容。

而依精神是人存在本质的观点,在总体上是人活动的一个基础性的东西,精神的发展特点,总是从低级形态发展到高级形态。德性是人的存在基础,如果没有德性的存在,人就不会具备一定的道德品质和行为的向善取向。德性对于人而言,虽然说是人必须要具备的东西,但德性是一种精神性的东西,它并不会自动地、轻易地就被人获得或在人身上随意生成,它的获得需要一个精神的生成过程或精神生命的成长过程。从人是一个存在者来说,所有的伦理道德问题、精神问题都会面临一个自然性的问题,人身上包含着很多自然的本性,这种自然的本性一方面表现为依自然的本能行事,另一方面表现为依直接伦理行事,德性的精神首先就要对它们进行扬弃才能表现出来。德性的这种最初的精神显现可以概括为自然德性。随着对这种自然德性认识的深入,个体的意识和意志开始成熟起来,知道运用自身的精神与自然进行斗争,在内在形成一种个体的判断意识,形成一种道德德性,并依照这种道德德性来处理自身的问题和现实行为中的问题。而这种德性虽然在自身内形成了一定的判断标准,知道如何处理德性与自身的关系、自身与他人的关系,但这种道德德性依然包含在主观内,缺乏客观性的依据和保障,也缺乏客观性的内容。道德德性形态矛盾的解决必然要发展到客观的伦理世界,形成一种伦理德性。在真正的伦理环境和伦理制度中进行锤炼,德性才真正具有真实的内容,为人真实所具有,并发挥出它的精神价值。

由此,德性的精神形态就划分为了“自然”德性、“道德”德性和“伦理”德性三种形态。自然德性是人作为一个人最开始具有的德性,按照人的自然特质去表现出德性的内容,也是精神在人身上体现出来的最初德性、最低级的德性。其中呈现出来的矛盾问题就是德性与自然的矛盾问题,德性的发展必然要克服自然的影响,因为人的自然本能包含着很多粗野的性质。德性由此就发展成了道德德性。道德德性是人作为人的一种主观性德性和个体德性,知道如何处理自身内在的自然本性问题和他人的关系问题,并在内在形成的一种道德品质。而这种主观的道德品质同样存在着内在的矛盾问题,那就是德性只是在个体主观内,而没有真正进入客观性的领域。这个矛盾的解决就进入了伦理德性的形态。伦理德性是人作为人的一种最成熟的德性,也是最高的德性,其中不仅会处理人的主观内在问题,还会在客观的伦理环境中认识德性,将德性的主观和客观进行统一性的认识,得出德性是整体性的精神气质。三种德性形态的内在关系,既是一种包含的关系,同时又是一个从低级向高级不断发展的过程。三者共同构成德性的精神形态内容,实现德性完美的精神气质。

第二节 “自然”德性

德性作为精神的最初发展形态就是“自然”德性阶段。为什么会是“自然”德性?原因在于,一方面,从理念上来说,德性作为人之为人的基础性东西,也就是人必须要具备的东西。但德性是一种精神性的东西,必须要经过人的精神活动才可以获得,德性自身的生成也必然要有一个过程;另一方面人的德性的认识在最初的时候总是与人的自然相伴随,德性在某种程度上来说是与人的自然相伴而生的,由此形成人的一种自然德性。如何理解这种“自然”德性?首先涉及的就是对于自然概念的认识。自然在通常的理解里是自然而然的意思,也就是顺应事物本来的属性并按照此行动。而对自然真正地理解却并非如此。古希腊的亚里士多德就对自然进行过深刻的阐述,其根本的含义在于,“在作为自身的自身之内具有运动本原的事物的实体,质料由于能够接受这种东西而被称为自然,生成和生长由于其运动源出于它而被称为自然。它是自然存在物运动的本原,或潜在地或现实地内在于事物之中。”[①]即自然作为事物运动的实体,是事物生长、生成的本原和依据。康德对于自然的理解包含着三个方面,即“一是作为物自体的自然,二是作为现象界的自然,三是作为目的论的自然”[②]。自然就同时包含了现象界、物自体和目的论的内涵。黑格尔对于自然的阐述,认为“自然已作为他在形式中的理念产生自己。既然理念以此是作为它自身的否定的东西而存在的,或者说,它对自己是外在的,那么自然就并非仅仅相对地对于这一理念是外在的,而是外在性构成自然在其中作为自然而存在的那种规定”[③]。即自然是作为一种他在的理念而产生自己,外在性、必然性和偶然性是自身固有的特征。由此,自然构成的是事物存在的本然性东西,并同时规定着事物自身的运动和发展。德性在自然意义上的理解,就是由自然的这种本能性、外在性、运动的必然性体现出来。

自然德性表现在物的身上就是自然物的优秀功能,主要是自然物在运动的过程中体现出来的一种优秀的功能性,如马的德性在于跑得快,刀的德性在于锋利,植物的德性在于茂盛,还包括有机体的部分德性,如腿的德性在于能跑,大脑的德性在于能思考;表现在人身上就是一种自然的或纯粹的优秀品性,按照自然运行的规律和人的自然性行为去做应该做的事。德性精神的第一种形态,是德性生成的最初的形态,就并不是要求去发挥事物的优秀本能,而是按照精神的自然前提,从人的意识产生的角度、灵魂产生的角度来理解自然德性。自然由于包含着有机的运动本性,也就包含着精神发展的本性。由于人自身包含着自然的属性,在人最开始的时候自然的属性占据着主要的位置,而它并不能简单地说都包含着恶的属性,人按照自身的本然属性行事,包含着的就是人的一种本然的德性行为,同时体现一种本然性的道德价值。自然德性的发展就由事物所具有的功能德性发展到有意识的率真德性,再到诚实德性三种形态。

① 转引自姜南.“自然”概念及人与自然关系史研究[J].天津师范大学学报(社会科学版),2014(6):24.

② 胡友峰.论康德自然概念的三个层次[J].文艺理论研究,2014(6):14.

③ [德]黑格尔.哲学科学全书纲要[M].薛华,译.北京:北京大学出版社,2000:158.

一、功能

人作为存在者的一个基本的要求就是具有德性,这是对人生活于世的一个基本的要求,也是人应该具备的基本素质。这是出于人的一种抽象普遍的理解,在人的现实存在中,德性在人身上的体现和获得不是轻而易举的。人作为一个整体性的存在或精神性的存在,在最开始的时候,人的自然属性占据着主导的位置,因为人首先是自然存在的实体。在这种自然的实体里,人的精神和意识显得比较渺小,行为主要依靠的是人的本能属性来行事。这时人的自然属性和其他存在物的自然属性是一样的,都依靠自身本能上和功能上的属性将自身反映出来。而这种本能上和功能上的显现为什么具有一种德性?这一方面源自对德性起源意义上的理解,另一方面源自对人的精神意义上的理解。

从德性的起源意义上来说,德性在古希腊用arete来表示,arete的基本含义就是功能上的优秀和优胜。而为什么德性在古希腊的起源意义上是功能上的优秀?原因在于人拥有着自然物质的构成性,自然物质的功能就是生长、发育和扩散,人的自然物质构成决定了与自然万物在功能上的一致。德性在起源的意义上表示优秀的功能,体现出自然万物的向上和发展,同时也更体现出德性是所有生物都追求的一大品性。因为自然万物只有具有这样的品性,自身才会得以存在和发展。人也是一样的,在与众多的自然生物和动物共同生存时,必然要具备内在的强大功能,才能够得以很好地生存和繁衍生息。由此事物在功能上的优秀会成为一种德性,出于事物自身的基本存在和发展的基本问题。亚里士多德在《尼各马可伦理学》和《自然哲学》中就对这种德性的来源和表现进行了深刻的阐述。对于这种德性的典型的概括就是,马的德性在于跑得快,笛子的德性在于动听,刀剑的德性在于锋利。在中国的传统文化中也有这样的德性界定,西汉的韩婴在《韩诗外传》中称鸡有五德,曰:“头戴冠者,文也;足搏距者,武也;敌在前敢斗者,勇也;见食相呼者,仁也;守夜不失时者,信也。”即鸡头上有冠是谓文德,脚上有爪是谓武德,敌人面前敢斗是谓勇德,与同类共享食物是谓仁德,夜晚准时报时是谓信德,鸡共包括文、武、勇、仁和信五德。这就从鸡的功能上讲述了鸡的德性。德性在起源的意义上包含着的是所有生物都具有的一种功能上的优秀，是从事物本身存在的物质基础上产生出来的，因而这种德性是所有生物存在和发展的本性支撑。

从人的精神存在的意义上来说，德性在古希腊隶属于logos，而logos是一种本原性的存在，包含着人的精神，事物的灵魂等在内的所有东西。德性的产生是logos的作用。古希腊的柏拉图和亚里士多德都认为德性是灵魂的活动，也就是灵魂活动的结果。柏拉图认为灵魂是事物自身内在的自我运动，灵魂是所有已经存在、现在存在、将要存在的事物以及与它们相反的事物的第一源泉和运动因。灵魂就是人的活动的基础和源泉。在对灵魂的内在理解上，柏拉图认为灵魂包含理性、激情和欲望三个内在部分，三者的不同组合产生了不同的德性。亚里士多德认为，灵魂是潜在的具有生命的自然物体的第一现实性，是在公理意义上的实体，是在自身内具有动静本原的自然物体的形式或本质。这样亚里士多德就主张生命、身体和灵魂的统一性，世间的所有生物都包含着灵魂，并都是灵魂在起推动和促进的作用。他由此将灵魂分为了三个方面，即营养、感觉和理智。营养灵魂属于植物的灵魂，感觉灵魂是动物的灵魂，理智灵魂是人的灵魂。三种灵魂的不同功能实际上决定了三种不同的德性，灵魂在植物内的功能就是营养和生长，在动物内的功能就是感受、感觉和欲望，在人身上的功能就是理智、理性、思考和沉思。而整个灵魂的存在是一个包含的关系，人的灵魂和德性包含了所有植物和动物所具有的灵魂和德性。人的德性在最开始的时候，实际上就是依靠人的一些简单的灵魂进行功能上的活动，也可以说是依靠人的一些简单意识和精神进行的活动，由此形成一种依靠人的生理上的本能属性产生出的德性品性。

“功能”德性就是人作为一个人最初具有的德性，或是人作为一个精神的存在者最初具有的德性。突出的特点就是人是一个拥有着自然实体或物质实体的存在者，在人的精神和意识不是很强大的时候，人由于其生命活动的本能性产生出一些本然式的德性行为。如婴儿固然是作为人而存在的，婴儿的成长和发育过程，使得人的各项功能得到不断地完善，由此体现出来的功能德性就是婴儿顺应自然而成长，属于身体的各项功能都逐渐变得完善，成为人精神生命存在和发展的基础。这种德性是由人的自然本性和有机生命的本性产生出来的，德性在里面只是萌芽的向善性，精神在这种德性里就是体现人在自然物质方面的强大生命和强大功能。“功能”德性实际上就是德性精神在自然生命的意义上体现出来的德性，或是人在自然实体方面应具有的一种德性。

黑格尔在其《自然哲学》中，把自然哲学分为三大部分，即第一部分是力学，第二部分是物理学，第三部分是有机物理学。在第一部分的力学里，所有的东西都是彼此外在的存在，拥有的只是形式上和观念上的统一性。首先的表现就是完全彼此抽象的外在性，即空间和时间，这种抽象的外在性的发展就是有限的力学，物质和运动的关系，物质是运动的，进而形成一种运动的物质的概念。在第二部分的物理学里，物理的运动质就成了普遍性的个体性，这种个体性的发展就有了重力的规定，由重力的这些要素的规定和化合的过程就形成了总体性的个体性。在第三部分的有机物理学里，由个体性物质的实在性形成的总体个体性经过对有限性的扬弃就形成了直接的实存，达到了生命。“生命a.是作为形态，即生命的普遍的图像，地质有机体；b.作为特殊的或形式的主体性，是植物主体性；c.作为个别的具体的主体性，是动物自然界。”[①]在生命的第一种形态里，生命只是一种普遍的活动形态，在第二种形态里，生命才具有了活动的个别性，形成一些特殊的器官，只有到了第三种形态里，生命才具有了真正的主体性，不但能与自身相关联，还能够与他物相关联，形成一个自相联系与他物联系的统一体。这种主体的生命就产生了欲望、冲动和感觉的内容。“动物有感觉，感情、表象，虽说受到限制，但不能思维。植物是有生命的个体，一个没有自我感的主体，这就是它的局限性。动物有自我感，但还没有自我意识，把动物有机体提高到自我意识，或精神生活，只发生在人身上。只有人才是精神的主体，或主观精神”[②]。即生命只有产生了意识、自我意识才会真正成为主体，人和人的精神存在。但人首先是一个生

① [德]黑格尔．哲学科学全书纲要[M]．薛华，译．北京：北京大学出版社，2000：230.
② 贺麟．黑格尔自然哲学的发展观[J]．甘肃社会科学，1984(5)：27.

命的实体，自然哲学的整个发展就是为了诞生人的主体性和人的精神性，人的主体性生命就是一个包含的关系，必然要通过扬弃那些自然的无机性和有机性才可以诞生。在人的生命扬弃过程中，必然表现出一些完善性的活动，即依靠那些生命性的本能活动维持生命的存在并向前发展，按照德性的功能性理解，由此体现出来的就是一种向善的功能德性。黑格尔自然哲学的发展必然体现出这样的内容。

因此，功能德性就是人的生命最初诞生出来的德性，具体来说是按照人的基本生命活动、基本生命功能诞生出来的。这其中可以包括一些本能的欲望、感觉和感情，但并不是直接地依靠动物的本能行事，而是将人的动物本能、感觉和感情很好地发挥出来，做有积极意义的事，行为主体具有一定的德性品性。使人逐渐成为自己的主体，同时超出自身的限制，获得一些基本的德性意识。

二、率真

功能德性从人的本能性的角度来论述人的德性问题，依照的是人本身的功能反应而产生的德性，这其中包含着的是人的感性本能和情感，由此诞生出来的是人的一种最低的德性，或者说是按照人的本能而生发出来的德性。这种功能的德性讲述的就只是人的一种本能上的德性反应，人的意识并没有形成。在人的这种功能德性的进一步发展里，或者说在人的意识的发展里，人慢慢地具有了初步的意识，知道自身是一个自然的实体性存在，同时也知道自身必然属于一个伦理实体。德性精神要取得发展就必然要超出德性的功能性向着具有意识的本真德性前进。率真的德性一方面体现在主体知道自身拥有一个自然的实体，并顺应自然产生一些德性行为；另一方面体现在主体知道自身属于一个伦理实体，并有意识地按照伦理实体的要求和规则行事，展示出自己的特殊性和个别性。

在主体顺应自身的德性行为方面，主体意识到自己的行为是由人的本能发出来的，本能的善良行为就是德性行为的表现。中外都有伦理学家、哲学家将人性定义为善，即人性善就相信人生而是善的，苏格拉底的名言就是人不会故意为恶,为恶的情况是出于人的无知,以此相信人性是善的。人所有的自然行为都必然是出于善良的本意,也必然具有一种德性品质。卢梭的人性善是相信人的自然本性是天真的和纯粹的,自然不会为恶,而是具有向善的本性。自然状态下的人最具有爱心和怜悯之心。中国的性善论就体现在传统的儒家思想中,最著名的就是孟子的学说,提出“人之初,性本善”的观点和著名的“四端说”的观点,都讲述了人在开始的自然本性上是善的,且人会产生出一些自然的德性行为,如对自身的关爱和对他人的同情。人性善论就从人的天然的角度讲述了人的自然行为的善良性和道德性。这既是一种天然的东西,同时也是为人所意识到的。人来到世间最开始的自然行为是人的一种朦胧的意识,初步知道行为是按照人的感性本能来进行活动,同时也并不完全明白感性本能的善恶本性,只是顺应了自身行为的发生,由此产生一种顺从自然的德性品性。这可以从很多小孩的现实状况来得到证实。小孩在很小的婴儿阶段,具有的就是这种朦胧的意识,知道行为是顺应自身的本能需要,正常地吃、睡和微笑,体现出来的就是一种顺应自然本性的率性行为。而婴儿自身当然具备一定的德性意识。

在主体意识到自身属于伦理实体体现出来的本真德性方面,指的是人开始意识到自己是依靠伦理实体、家庭而存在的,没有这些实体,人就不会得以存在,这些实体就构成了人存在和行为的基础,人在逐步意识到这些实体时,由此产生的德性意识就是一种率真德性。因为人作为一种实体性的存在,没有实体的存在,人就无从诞生,也无从生活,实体必然构成人的存在基础,人在开始时必然要依靠实体来行事才能使自己获得意识,进而产生出一种自然的德性品性。这种实体在逻辑上既可以是自然的家庭,也可以是普遍的社会规则。人在功能德性的基础上慢慢地产生了一定的德性意识,知道自己的行为是出自何处和为什么要依靠自然实体或社会规则来进行活动,这样自己的行为才是正确的和符合道德价值的。对人而言,实体是什么? 黑格尔认为:“实体就是还没有意识到其自身的那种自在而又自为的存在着的精神本质。”[①]即实体就是一种尚未显

① [德]黑格尔. 精神现象学(下)[M]. 贺麟,王玖兴,译. 北京:商务印书馆,1979:2.

示的精神，或者说是最初的精神，其中包含着自己的真理性形态。这个真理性的形态就是一个伦理的世界，典型的现实表现就是家庭和民族。在其伦理世界的简单真理里，自我和实体是相融在一起的，即个人组成伦理实体，伦理实体由个人生成。人在经过了功能德性的阶段后，必然认识到自身是属于伦理实体的，人必然要由父母所生，也就必然要由家庭诞生。家庭这个自然的伦理实体就成为他们生命的来源和行为的根据。人在拥有这样的意识时，就会知道自己的行为是要按照伦理实体的要求来行事的，自身不会知道为什么，也不会问为什么，就直接按照伦理实体的要求来产生现实的行为，形成一种本真的德性。这种伦理实体的要求同样是一些自然的或朴素的社会规则，个体的行为实际上也是按照朴素的社会规则来发生的行为。人的这种简单的德性意识就由人依据人的自然实体而产生出一种率真德性。

率真德性实际上包含的就不是一种表面上顺从或依据外在他物而产生的德性，而是一种纯然意义上的德性。前者依据他物而产生的德性可以说不是严格意义的德性和真正意义上的率真德性，这可以表现在很多现实的行为中，很多人表面上具有本真的德性，实际上满怀的是任性的本性。后者是依据自身的真实情况而产生出来的本真德性，人在开始意识到自身的实体性时，必然首先本然地是对于这种实体的顺从，而产生出一种率性行为。因为这样一方面是对于实体的肯定，另一方面也是为了获得更多的认识，人只有在经历了顺从以后才会获得自身的真正成长，形成属于自身的德性品质。率真德性就是依照人的自然意识或人最初的意识而产生出来的一种德性行为，是人的意识最初在实体面前产生出来的德性行为，包括对父母、对家庭体现出来的一些基本的尊重品质。

三、诚实

人的自然德性在经历了功能德性和率真德性的发展后，功能德性讲的是依靠人的实际功能而产生出来的一种德性，可以说是一种抽象普遍的德性，因为人都有这种基本的功能德性，也都需要这种基本的优秀德性。这时的人的德性并没有意识的产生和加入，但德性精神的发展或人的精神的发展必然会让人的意识产生出来，形成一种初步的、朴素的意识，这是人必然要经历的阶段。率真的德性就是人意识到自身的实体性，并知道自身的发展离不开这些实体的作用，由此产生一种本真的德性意识，依照伦理实体的要求来产生自己的德性行为。而在这之后，人的自然德性既有了抽象普遍的功能德性，又有了简单意识的本真德性，它内在要形成一种什么样的精神，才能够使得功能德性和本真德性统一于自身，并得到真正的认识？根据德性精神的发展和人的精神的发展，人首先是一个自然的实体，不管是依靠人的感性本能和实在功能来产生的德性行为，还是有意识地依靠伦理实体而产生的德性行为，最后到人身上就是形成一种“诚实”德性。诚实德性就是人作为一个自然存在者而言应该具有的真实的德性。它一方面克服了人依靠本能和功能而产生的简单德性行为，另一方面也克服了人依靠简单意识而产生的德性行为，在人身上形成一种具有主体意识的“诚实”德性。

这种“诚实”德性是什么？按照人存在的实在性和真实性来说，人固然是自然的存在者，也固然有着自身的意识，对人而言这两者在人身上是同时存在的，这样才构成人的自然真实性。人的诚实德性就由它们的结合产生出来。人作为一个自然的和有意识的整体存在，德性对于人的实在性，就是德性的存在是人发出来的行为，是人的意识起作用的结果。不论是最初级的德性，还是有意识的德性，都是人的意识产生出来的结果，也就是人的精神活动产生出来的结果。由于精神的现实活动就产生出人的现实德性，要求人具有一种“诚实”德性，现实的德性行为表现就是人依照自身的自然意识而产生出来的一种整体性行为，按照伦理实体的要求去做出符合伦理规范的事情，逐渐摆脱自然任性对人行为的控制。这就是人的自然德性是真实需要掌握的东西，在人的实践活动中真实地表现出来，形成一种具有质朴意识的诚信德性，依自然伦理实体的要求而做一些实在的德性行为，达到自然德性的最高德性认识。

古希腊的德性观点，除了苏格拉底的德性即知识外，柏拉图和亚里士多德都有这样的德性思想，尤其是亚里士多德的德性思想认为，人的德性就是做自己应该做的事，或者说人的德性就是做城邦所要求要做的事。因为城邦是人的一个基本的实体，或者说是人的自然实体，人的所有活动都是为它服务，这其中没有其他的选择。这实际上就包含了人的自然德性的实在性内容，即本能地按照伦理实体的要求去做事。人现实中的很多行为都包含着这样的自然德性性质。依据人的现实能力有意识地为某一伦理实体服务。如家庭这个伦理实体，家庭的成员都身体力行地为家庭做出自己的贡献，且是一种自然自觉的德性行为，并按照伦理实体的规定去做应该做的事，在主体内形成一种“诚实”德性。

因此，自然德性就是人的自然而然的德性，它内在的本质特征就是人按照自身本来的自然属性产生的一种德性行为。在人最初的德性行为表现里，其形态就是功能的德性，按照人的感性本性行事而产生出来的德性，一种无伤他人的向善品性。在人的意识的进一步发展里，意识赋予了人的德性行为，知道自己是按照自身的感性本能和伦理实体的要求来行事的，形成一种具有蒙昧意识的率真德性。而这只是就意识而言，并不是一种真实的德性行为。人的德性意识的发展必然会产生一种“诚实”的德性，知道自己的德性行为是按照自己的感性因素和伦理实体的要求来行事的，并由此内在地形成一种属于自己的真实的德性，指导人的现实行为。这种自然德性是人的德性意识在自然阶段形成的德性，表现出来的实际上是人的一种自然意义上的德性行为，且行为具有很纯粹的普遍性，这时人的意识是一种纯粹的意识，只知道按照人的自然性来行动，也同时是一种简单的意识。而人不可能仅仅具有简单意识和一种自然的德性行为，人的意识、德性的意识必然要向前发展，在更深刻的意义上明白人的德性行为，即人的所有德性行为都是出自主体意识的行动，由此产生德性行为的个体性。这就过渡到了人的“道德”德性阶段。

第三节　“道德”德性

在自然德性的阶段里，人只是初步地意识到人的行为应该顺应自然而发生，由此产生出一种自然德性。但这种德性并没有意识到人的这种自然德性行为同时也是属于个体自身的，是个体意识起作用的结果。道德德性就是人的意识已经觉醒，意识到德性是个体意识产生出来的，而不是就停留在人的自然层面。人的意识已经觉醒，已经意识到“我”的存在，并以“我”的意识来建立和产生人的一切行为。这是人的意识发展必然要经历的阶段，是人在摆脱自然的一种努力，也是人真正成为人的一大标志。人的德性意识也必然由以前的自然德性意识，只知道按照自身的自然来行事，走向有意识地独立的德性行为。这时人的个体意识诞生出来，人的意志也诞生出来。人才真正成为一个主体性的人，德性也才成为一种真正意义上的道德德性。个体内在包含着很多本能的欲望，自然的德性是按照自然而发出的一种自然的德性行为，在这里人的个体意识被激发出来，人的很多本能的欲望、感性偏好也被激发出来，道德德性必然要运用意识的作用、意志的力量来进行克制和扬弃才能够生成。这种道德德性的生成过程就必然包含着自身的发展形态。第一种形态就是人已经意识到行为是我的行为，我就必须要内在地对我的行为负责，内在地就必须要首先克服人的感性本能和感性冲动，形成一种责任德性；第二种形态就在人自在地要为自己的行为负责而建立起自我德性的基础上，个人还必须要达到对自身的目的性，自为地为自己的德性行为建立自身的目的，形成一种目的德性，内在包含着与人的德性目的幸福的辩证关系；第三种形态就是在自在地为自己的行为负责的德性意识和自为地形成自己的自身目的基础上，在个体内在形成一种主观普遍的德性，依靠主体的能力和德性就能处理个体的一切德性问题，这种德性形态可以命名为“个体善”。

一、责任

德性精神在经历了自然德性的发展后,意识到自我是一个个体的存在,人的一切行为都是出自个体、自我的行为。自然德性的那种仅仅按照人的感性本性和自然伦理实体或直接伦理实体的要求行事就会诞生出自身固有的内在矛盾,人作为一个个体性的存在,不可能仅仅按照人的自然性来进行行动,这样就会导致行为的自然和自我的矛盾。人必然是一个个体性的存在,必然拥有着属于自己的意识,自然德性的那种朴素性的行为只能说是一种较低层次的德性。德性在人的精神或意识的发展里,必然会诞生出自己的内容,将德性在个体的意识里诞生出来,真正树立起属于人的德性,有自我意识和自我意志包含其中。但这种个体德性首先必须要明白人的行为是“我”的行为、是人有意识的行为或者说是人的意志实施出来的行为,人必须要对人的行为负责,个人德性就是要克服那种不负责任的情况,内在形成一种自我负责的德性,一方面克制自己的感性本能和感性情感,另一方面又要产生一种有意识的德性行为。

人是一个有意识的个体,其行为必然要带有自我的意识,自我意识的行动的取向就是自我意志的行为。人的有意识和有意志就决定了人必然对自身的行为负有一定的责任。道德德性的产生、个体德性的产生首先就是明白了人要对自己的行为负责的道理,因为人是有自我意识的,能够明白什么样的事情是有价值的,什么样的行为是具有德性的或道德的。人的德性因此转向内在的思考形成一种责任德性,这种德性达到了人德性意识的定在。人一方面意识到自己是一个个体的存在,另一方面人的所有的行为都是个体的行为,自我应该对人的所有行为负责任,由此形成一种德性意识和德性品性。自我如何意识到人应该对自身的所有行为负责,依靠的实际上就是人的主观意志,人的主观意志决定了人对内的反思,形成一种道德的品性。“主观或道德的意志的内容含有一个特有的规定,这就是说,即使内容已获得了客观性的形式,它仍应包含着我的主观性,而且我的行为仅以其内部为我所规定而是我的故意或我的意图者为限,才算是我的行为。凡是我的主观意志中所不存在的东西,我不承认其表示是我的东西,我只望在我的行为中重新看到我的主观意识。”[1]即主观意志内在包含着的是我的行为,所以我是要对它们负责,原因在于我的行为是我主观意志的行为,包含着的是我的故意和意图。可以说人的任何行为都包含着一定的故意和意图,这样才能构成行为的价值性。

在这时人的德性意识的发展就是在自身内承认人的行为是自我的行为,而且是我的故意和有意图的行为。德性意识首先必须要对我的行为负责任,在故意和意图中纠正人的行为,使其行为具有内在的道德性,在自我内形成一种德性精神。人的意识知道人的行为是自我的行为,是由人的主观内在发出来的行为,人的意志知道人的行为包含着人的故意和意图。他们的德性意识和德性意志就是内在地对行为负责,在自身内消除那些不负责、出于真正故意和某些不良企图的行为,内在养成一种主观的道德品质。而具体说来,人的德性意志如何来消除那些不负责任和故意的行为?这就要从人的意志本身来讲。属于人的主观意志在人行为的开始就说明了行为的定在就是主观意志的行为,人的行为自身就包含着一种责任的意识,人就必须要对行为负责任,这是作为人拥有自由意志的一个起码的要求。同时人的行为的定在性质决定了人的行动包含着人的故意和意图,任何行为的发生也必然包含着人的故意和意图,人的意识和意志必须要首先明白这样的道理,知道人是要对行为负责的,并且行为是出自人的主观故意和意图。这样人在主观内才会形成一种基本的善良品性和德性品质,在实践中才会有一种道德行动,产生一种德性。这是从人的意识和意志的角度来论证了人的德性精神是应该对人的行为负责,并且还要明白行为包含着我的故意和意图,德性在自我内的精神体现为勇于承担责任,消除那些不良的故意行为和意图行为,使自身具有一种善和道德价值。从人的内在德性来说确实是这样的。

但从人的具体的实际情况来说,人如何才能够在自身内获得这种德性,或者说德性如何在自我内实现出来?这就涉及人的感性本能、感性欲望和感性情感的问题,或者笼统来说就涉及人的自然性问题。阻碍人的内在道德行为的问题必然首先是人的自然性问题,人因为有了自然才会

① [德]黑格尔. 法哲学原理[M]. 范扬,张企泰,译. 北京:商务印书馆,1961:114.

有道德、德性，人也因为有了道德、德性才使人不再受到人的自然性的控制。自然和道德、德性是相互依存的。这构成了自然和德性的矛盾，同时也是德性论的精华所在。历史上不少的哲学家和伦理学家对此进行了广泛而深刻的讨论，而在这些广泛而深刻的讨论中大致可以分为两派：一派是将自然与德性完全对立，即德性就是对自然的完全克制；另一派是将人的自然和人的德性综合起来，认为德性的形成是对自然的扬弃，即德性是对自然的消除和保存。

德性与自然的对立向来是各大伦理学和哲学家们讨论和论述的焦点，从历史到今天依然如是。西方神话最早将德性与自然对立起来，中国在夏商周时期也有了这样的观点。认为德性和德性意识的获得必然是对人的自然欲望的克服，尤其是对人的本能欲望的克服。西方的哲学史上向来注重人的神性和兽性、感性和理性的区分，认为人虽然包含着神性和兽性、感性和理性的成分，但兽性和感性是一种绝对的障碍，是人的德性所不能容忍和必然加以铲除的东西。在《荷马史诗》中就拥有了这样的观点，把人的情欲、本能欲望看作是绝对需要禁止的东西，而把勇敢和节制看作是最高的德性。勇敢德性为什么是一种最高的德性？原因在于它超越了人的本能属性，敢于面对人的死亡，或者说在死亡面前无所畏惧，是对于人的自然本能的控制。节制德性为什么是一种最高的德性？原因在于它克制了人的本能情欲——这个让人看来是邪恶的东西，使人具有节操。古希腊的三杰苏格拉底、柏拉图和亚里士多德的德性伦理思想里也包含着这样的观点。人是一个有理性的存在者都是他们共同承认或是内在具有的观点。苏格拉底的著名观点“德性即知识”“德性是一而不是多”，这里的知识实际上就是经过理性而获得一种普遍的认识，德性的获得需要理性作用，尤其需要理性对于那些影响德性获得的感性因素加以排除，如清理人的本能欲望以获得一种节制的德性知识。柏拉图的德性伦理思想在继承了苏格拉底的思想后，将人的灵魂分为了理智、激情和欲望三个部分，欲望表现为一种本能的冲动，激情表现为对名誉和权力的冲动，理智表现为一种智慧、思虑的能力，人的德性在于灵魂的作用，灵魂中起支配作用的就是理智，人的德性的形成就完全要靠理智的权衡作用。

如克制人的本能欲望的冲动而产生节制的德性。德性就与人的自然本能相对立。亚里士多德的德性论也包含着这样的观点，尤其是在对伦理德性的理解上，认为德性即中道，德性的获得必然是对两端恶的驱除，这其中也必然包含着自然本能的为恶性。这构成了德性与自然对立的最初形态。

在斯多亚学派的德性论里，德性和理性是有内在的逻辑关系的，德性的获得必然要靠理性的作用，靠理性对于欲望的调制和控制，德性才可以诞生。中世纪的神学德性观，就是把人的德性和自然完全地对立起来，认为人的自然本能和自然属性的东西带有为恶和低俗的特征，人的所有的不好的恶习都来自人的自然本性。信、望、爱德性的形成就是要首先克服这些自然的本能属性，才可以获得德性。托马斯·阿奎那认为德性就是一种习性或习惯，“德性的培养包含三个要素：一是人应当在知识的指导下自觉地开展行动；二是人应当经过深思熟虑自主地开展行动；三是人应当根据一条牢固而颠扑不破的原理开展行动”①。最高的德性是在宗教原理和上帝的关怀下产生出来的德性，而这必然是要以克服人的自然因素为前提，才有机会获得一种神的德性。在文艺复兴之后不少的哲学家都开始注重人的自然性的研究，彰显人的自然权利和自由权利，使人的感性属性被放大，人的德性反而被许多人所忽略。哲学家康德树立起来德性论思想的研究，认为这种仅仅追求感性自然的生活并不是一种更高的生活，更高的生活不应该只是这种感性的生活。在纯粹原则的基础上，德性必然产生出自身的内容。康德认为德性就是一种在义务的准则下产生出来的意志的道德力量，义务的原则就是在绝对命令的基础上形成的原则，何谓绝对命令？就是没有例外的命令，只能永远地按照命令来行事。人的感性偏好包括人的自然本能、自然情感，而这些都是要抛弃的对象。因为感性偏好更多的是人的一种本能性的反应，会对人的行为、对命令的执行度产生影响。义务的命令、绝对的命令都要求要完全克制他们的影响，这样产生出来的命令才是绝对普遍的。德性的获得就是要克服人的这些感性偏好的影响，才能够具备真正的道德力量。抛弃人的感性欲望、感性情

① 宋希仁主编．西方伦理思想史[M]．北京：中国人民大学出版社，2004：143.

感，或者说理性地克服人的感性欲望和感性情感，德性才会诞生出来，德性与人的感性偏好是绝对对立的。这种观点在西方的哲学史上，乃至今天的德性论研究方面都是非常重要的观点，而这却忽视了德性与自然的相互辩证性。

德性与自然的辩证性观点在西方的哲学史上由来已久，亚里士多德的德性论就包含着这样的观点。认为人的德性依靠的是灵魂的活动，灵魂是一个整体性和包含性的概念。其整体性说的是灵魂是一个整体性的存在，其包含性指的是灵魂有高低之分，植物的灵魂是营养，动物的灵魂是感觉，人的灵魂是理智，动物的灵魂包含着植物的灵魂，人的灵魂又包含着植物和动物的灵魂。亚里士多德把德性定义为使一个人状态好又完成得好的品质，状态好包含着人的自然状态好，完成得好代表着一种实践德性。德性的获得实际上就既包含着对人的自然的依赖，又包含着对人的自然本性的扬弃。如勇敢德性是在对懦弱和鲁莽的取舍中获得的，其中就既要运用人的自然身体去行动，又要战胜身体的对于死亡的恐惧和莽撞。近代的一些哲学家们把人的身体、自然实体当作了人行动的根源和基础，德性的产生必然要以自然为前提，或者说以人的自然存在为前提，把人自然权利和生存保障的获得当作一种基本的需要。德性与自然的关系就是德性是在自然的基础上产生出来的，同时再扬弃自然的本能，形成一种基于人的自然本性而产生出来的德性。

黑格尔在论证道德世界观时，详细地讨论了道德与自然的辩证关系，也间接地讨论了德性与自然的辩证关系。何谓道德世界观？黑格尔认为：“这个道德世界观是由道德的自在自为存在与自然的自在自为存在的关系构成的。这种关系以两种假定为基础，一方面假定自然与道德（道德的目的和活动）彼此是全不相干和各自独立的，另一方面又假定有这样的意识，它知道只有义务具有本质性而自然则全无独立性和本质性。”[①]即道德世界观由道德与自然的辩证关系组成，一方面道德与自然全无关系，另一方面又假定道德与自然是有关系的。从第一个方面来说，道德是对其自身确定的精神，是精神经过了伦理世界和教化世界后产生出来的东西，

① [德]黑格尔．精神现象学（下）[M]．贺麟，王玖兴，译．北京：商务印书馆，1979：126.

是“教化世界和信仰世界的运动扬弃了(法权的)个人的这种抽象性,而通过完成了的异化,通过最高度的抽象,精神的自我或主体发现实体首先变为普遍意志而最终竟变成了它自己的财产或所有物”[①]。道德成为精神发展的真理,人的行为就要按照这种自我确定的意识来行事,这是对于人的一种义务,或者说是绝对的义务。而现实就是有一个绝对的东西必然有一个相对的东西,义务的对立面就是现实,道德的对立面就是自然。道德意识的要求就是抛弃人的自然性,包括人的感性本能和感性需要,按照人的道德来行事,这样才能符合道德意识的要求。因为属于自然的感性“自为地有着一种为它自己所固有的特定的本质性,也就是说,有着个别目的”[②]。这个个别的目的会以感性的冲动和情欲形式出现。所以人的道德要摒弃自然的意识,完全按照道德的意识来行动。

从第二个层面来说,道德又不能够离开自然而存在,自然是人存在的现实,没有自然的存在,人就不会得以存在。“道德意识决不能放弃幸福,决不能把幸福这个环节从它的绝对目的中排除掉。那被表述为纯粹义务的目的,从本质上说,本身就有必要包含着这种个别的自我意识;因为个体的信念和关于这种信念的知识,本来就构成着道德的一个绝对环节。”[③]即人的道德意识在现实的层面是不能够抛弃人的感性幸福的,因为道德意识作为一种个体的自我意识,本质上就包含着人的个体自然意识和感性意识。没有人的感性意识和自然幸福的满足,道德意识也就不能得到很好的实现。在这种矛盾的交织下,道德意识的行为是人的一种本质,人的感性意识的行为是人的一种现实的需要。道德和自然必然的和解就是一种预定的和谐或设定的和谐。由此产生了两大和谐,“第一个公设是道德与客观自然的和谐,这是世界的终极目的;另一个公设是道德与感性意志的和谐,这是自我意识本身的终极目的;因此第一个公设是在自在存在的形式下的和谐,另一个公设是在自为存在的形式下的和谐”[④]。即第一个公设体现在按照道德的意识和人的自然意识来说,道德和自然应该是

① [德]黑格尔.精神现象学(下)[M].贺麟,王玖兴,译.北京:商务印书馆,1979:124.
② [德]黑格尔.精神现象学(下)[M].贺麟,王玖兴,译.北京:商务印书馆,1979:128.
③ [德]黑格尔.精神现象学(下)[M].贺麟,王玖兴,译.北京:商务印书馆,1979:127.
④ [德]黑格尔.精神现象学(下)[M].贺麟,王玖兴,译.北京:商务印书馆,1979:130.

和谐的,第二个公设体现在现实的要求道德和自然要做到和谐,这才符合人的现实。由此就导致了道德和自然的矛盾,表现在一方面需要和谐,另一方面又不能做到真正的和谐。现实的人的行为只是个别意识的行为,道德与自然的矛盾始终存在着,最终形成了道德是永远有待完成的观点。

黑格尔的道德世界观同时就道出了德性与自然的真实关系,德性作为个体的意识,知道自身是人的一种内在本质,自然作为一种感性存在,必然是德性获得的对立面。德性的获得一方面需要清除自然的因素,不能让人的自然意识影响到人自身的内在道德判断;另一方面德性又不可能完全摆脱自然的影响,因为自然是人存在的基础,是人的德性存在的载体,同时也是德性存在的对象和参照物。德性所能做的就是扬弃自然的影响性和作用性,即在发挥人的自然因素的情况下,在个体自我内形成一种德性意识,在实践中产生一种良好的德行,扬弃感性自然的那些本能性的东西,抓住其积极的功能,促进德性意识的产生和德性行为的践行。在个体内形成一种责任的德性,清楚地意识到德性行为是自我意识的行为,是自我意识内在地通过人的意志对人的感性自然进行扬弃而诞生的。责任的德性就是个体自身在自身内形成的德性,个体意识到人的行为的道德属性和德性价值,扬弃自身的感性自然而产生出来的一种德性精神。但这种自我的德性精神只是在人的感性自然上存在,或者说只是在人的自然本能上建立起来的,并没有涉及个体的目的问题。事实上,人的行为只要是个体表现出来的行为,都是具有一定的目的性的,人的德性精神也是一样的,个体德性精神在经过责任德性的发展后必然进入目的德性阶段,由此构成个体德性精神的自为存在。

二、幸福

德性精神在经过责任德性的阶段后,是个体意识到自我道德意识的存在,在对自身行为负责的同时扬弃自身的感性因素以形成一种德性品质。这是从个体的内在认识到了德性获得的方式,但是不是已经自为地认识到了个体德性行为的内在依据和内在目的?责任的德性显然是没有做到，它关注的对象是人的主观故意和自然本能，做出的工作是扬弃它们对于人的德性行为的影响，以使在人的内在形成一种责任德性，不受人的自然本能和任性的影响。但人的行为不可能只涉及人的感性自然，自我在克服人的自然本能和主观任性后就已经涉及了人的内在目的性问题，最为基本的就是德性的目的即幸福问题。这是个体德性精神发展必然会诞生出来的自为地存在的东西。

这种德性的幸福目的就是个体意识到德性行为的目的，或者说德性意识发展到它的内在本质，清楚地认识到德性意识和德性行为的发生必然会诞生一定的内外目的，这是人的个体德性精神发展必然会诞生出来的一种内在要求，同时也是德性获得实在的内容和外在的规定性。从个体德性在扬弃了自身感性因素的影响后，内在包含着的一个基本的目的就是德性行为的向善性，这是个体德性目的的一个基本的取向和原则。从个体德性行为的实在性来说，任何德性行为不管是对于内在感性本能的克制，还是对于外在规则的遵守，都会指向人的一个基本的现实问题，那就是属于人的实在的幸福。这其中有精神上的幸福感也有物质上的福利。

而就人行为的内在目的而言，个体德性精神为什么要扬弃人的感性因素，尤其是本能欲望，使人的行为不至于受到自然冲动的影响？从人的道德行为的基本的层面来说，个体德性精神的这种行为是向善的，或者说它拥有着一个内在善的理念，才会使个体的德性行为必然要扬弃自身感性自然的影响，使行为具有道德的价值。这是个体德性精神所包含的内在目的，也是很多德性论者所持的内在观点。亚里士多德最早提出善和德性的观点，认为人的一切技术、一切规划、技艺的活动和实践的活动都会倒向善，或者说都以善为目的。在更宽泛的意义上，包括宇宙万物的活动都以善为目标。善就构成了人实践和万物活动的一个内在目标。而善在本质上究竟是什么样的含义？亚里士多德的回答只能说善就是一种理念，每一种行为都是一种善，每一种行为都会获得不同种类的善，善就只能是一个总体性的概念。“善的意义和存在的意义同样多，它既可用来述说是什么，如神和理智；也可用来述说性质，如各种德性；也可用来述说数量，如适度；也可以述说关系，如有用；也可以述说时间，如良机；也可以述说地点，如良居；诸如此类。这就说明，没有某种东西能是共同的、普遍的、单一的。不然它绝不能适用于一切范畴，而只能用于某一范畴。”[①]德性会因不同的活动和不同的事物而产生不同的善，善本身就是这些活动的总体，因此是所有事物活动的一种理念。德性在起源的意义上包含着功能上的优秀品性，在实践中体现为一种灵魂的现实的活动。在第一种意义上表现为一切事物的功能德性，如马的德性在于跑得快，医术的德性在于健康。在第二种意义上表现为人的德性活动，包含着理智德性活动和伦理德性活动。德性也是万物在积极的活动上表现出来的东西。善是一切活动的本原，德性的活动必然以善为基础和目的。亚里士多德的德性论内在必然包含着善的目的，或者说亚里士多德的德性论首先讲出了善的目的。

从此在西方的哲学史上关于德性的论述，在很多的伦理学家那里都包含着内在善的目的。当代的麦金泰尔对于自己的德性论的观点就是，“把德性说成是有益于一整体生活的善的品质，把德性与对人而言的善的追求相联系，这个善的概念只有在一种继续存在的社会传统的范围内才可得到阐释和才能拥有”[②]。即德性就与人对于善的追求相关，就是一种有益于人的整体生活的善的品质。善同样作为了德性行动的目标，但它理解的善是一个群体的善或社群的善，而不是一种总体上的善和理念上的善。不管怎样，善作为德性的目的和目标的理解在麦金泰尔的德性思想里是包含着的。

沿着这种德性的善的目的和目标的理解，善是一种总体性的概念和整体性的理念，自身包含着丰富的内容，这是善本身作为万物和人行为的根据。对于个体来说，对于个体最实在的善是什么？那当然就是让人生活得幸福。这幸福可以包括精神上的幸福和生活上的幸福。这样就构成了德性目的论的一个重要的基地。精神上的幸福指的是人由于精神上的富裕和充实而产生的幸福，生活上的幸福指的是人获得实实在在的生活

---

① [古希腊]亚里士多德．尼各马可伦理学[M]．苗力田，译．北京：中国人民大学出版社，2003：7.
② [美]麦金泰尔．德性之后[M]．龚群，戴扬毅，译．北京：中国社会科学出版社，1995：343.

上的幸福,主要指的是物质的层面。历史上对于幸福的理解包含着很多的内容,但幸福作为德性目的的理解,或幸福作为与德性关系的理解在哲学上的讨论相对较多一些。哲学史上著名的德福问题就包含着德性和幸福的经典讨论。德性精神在发展到个体的实在性方面,就必然涉及德性目的问题,幸福就是作为德性精神在个体上实现的一个主要目的,因为个体的实在性和实体性决定它不可能离开人的幸福问题。而内在关于个体德性精神目的论的讨论可以包含这样的两个方面,一是德性精神本身就包含着幸福,二是德性精神的目的是为了获得幸福或配享幸福。

从德性精神自身就包含着幸福的目的来说,是人的德性意识已经意识到了人的行为的价值性和善良性,人的意志遵照人的德性精神来进行行为,其行为的自身就包含着人精神上的幸福。苏格拉底认为德性即知识,认为人的德性就是一种普遍性的知识,是人都应该具有的东西,所以他说无人自愿为恶,就算为恶也是出于人的无知而产生的。拥有德性就像拥有知识一样具有强大的力量性、技艺性和普遍性,同时自身也拥有着属于人的自豪感和幸福感。尽管苏格拉底一再强调自己并非拥有德性知识,但人拥有德性却是一大光荣的事情,可以说德性自身是包含着属于人的幸福要素的。从相反的角度来说,人不拥有德性就不可能拥有幸福,也不可能拥有一种荣耀感和幸福感。斯多亚学派代表人物塞涅卡就提出了德性即幸福的观点,认为"快乐不应是追求德性的目的,德性本身就是幸福"①。在他的论证中,针对的是伊壁鸠鲁的快乐即善的观点,认为快乐不应该是人最先和最应该追求的东西,人应该先拥有德性才会拥有真正的快乐和幸福,德性是快乐的前提和先行者。人只有拥有了德性才会给人带来无穷的快乐,或者人只有追求德性才会给人带来快乐。原因在于人不能过一种仅仅遵照自然的快乐生活,人的高尚、真正的快乐和幸福是远离这种自然的快乐和享受的。德性的拥有会使人的行为具有高尚性,进而获得真正的幸福。德性的获得就是对于人的激情、欲望和情感的控制,使人的行为具有纯粹性,这种德性本身就蕴含着幸福的内涵。幸福就必然要根植于人的德性之中。罗马哲学家马克·奥勒留认为人应该过一种

① 唐凯麟. 西方伦理学名著提要[M]. 南昌:江西人民出版社,2000:81.

有德性的生活，“德性是人世间唯一值得追求的东西，它本质上是自足的。人应过一种有德性的生活。人有自由意志，人也完全可能过一种有德性的生活。有德性的生活就是幸福的生活”[①]。他同样把德性看作是人获得幸福的前提，因为德性是人的一种本然善，是人的一种理性目的。人只有拥有德性才会拥有幸福，德性自身就是幸福。这种观点主要是从德性自身的善良性和行为的高尚性来决定了德性目的自身就包含着幸福。

从德性精神的目的是为了获得幸福来说，人拥有德性就是为了获得幸福，幸福为德性的目的。人的德性意识清楚地认识到人的幸福的重要性，把幸福当作德性行为的目标。亚里士多德在《尼各马可伦理学》中，把幸福看作了最高的善，认为人行动的目的最终是为了获得幸福。究其原因在于亚里士多德认为幸福同样是人的一切活动都追求的东西，必然是属于人的最基础也是最高的东西。而幸福又是什么？它就不是简单的快乐和物质上的享受。人表面上的快乐、财富的占据和荣誉的拥有都不是真正幸福的内容。亚里士多德把人的生活分为三种，一种是享乐的生活，一种是政治的生活，另一种是沉思的生活。享乐的生活和政治的生活都不是真正幸福的生活，只有沉思的生活才是真正幸福的生活。在这个意义上幸福是最善的、最终的和自足的。人拥有德性的目的就是为了促进幸福的实现。这是德性意识外在目的的一个最终的要求，出自人的实在目的需要。亚里士多德的这种德性幸福论的理解给德性精神的目的性理解表明了深刻的见解。很多快乐主义、幸福主义和功利主义的伦理学家们对于幸福的理解往往停留在物质和感性的层面，认为人的德性的践行就是为了获得那些物质上的、感性的幸福，往往就堕入了享乐主义和世俗主义的巢穴。把德性看作是一种平庸的行为，把德性意识看作是一种世俗的行动意识。德性精神的目的必然是为了获得那种精神上的幸福。

而这种幸福又是什么？除了自身包含善和自足性外，外在的目的是什么？德性精神的外在目的必然要以真实的内容呈现出来，人的幸福也必然要通过外在的东西体现出来。从人自身来说，自然的主观定在包括需要、热情等感性因素的满足，这就是基本的幸福，幸福存在于种种现实

① 唐凯麟. 西方伦理学名著提要[M]. 南昌：江西人民出版社，2000：91.

的规定中,形成一种主观的满足。幸福无论是包含感性的需要,还是理性、精神的满足,都是难以定义的,只能说幸福就是人的一种满足的状态。德性自身就是幸福,获得德性实现的目的就是为了幸福,这其中的幸福都是难以得到和把握的。人的德性意识在外在的实现中或在外在的目的中以幸福为实在的目的,获得了个体德性意识在实践中的真实内容。但这种真实的内容是不是意味着个体德性的真实发展?无论是从幸福的目的,还是从个体德性的行为判断来说,个体德性的真正发展并没有完成。属于个体自身的真实的东西并没有显示出来作为人的德性行为所依据的东西。幸福作为德性的目的完成的只是个体德性精神的外在实现情况,至于个体德性自身的情况并没有呈现出来,这就进入了个体的普遍德性阶段。

三、个体善

人的“道德”德性在经历了责任德性和目的德性发展阶段后,自身意识到德性行为是我的意志的行为,这行为不仅包含着个体对于内在自然因素的克服,还包含着个体幸福目的的实现,在整体上形成一种德性行为。这就成了个体德性精神发展的高级阶段。人作为一个个体,同时也是一个整体,人的个体德性行为必然是一个整体性的行为。只要是人这个个体所产生的德性行为就必然既包含着对于感性因素的克制和外在目的的拥有,又表明在个体内在有一种主观的道德品质。这是人的德性精神的必然发展阶段,即个体认识到自身的德性行为不受自然因素的影响,外在又能促进人幸福目的的实现。个体德性在这个意义上就形成了属于个体的普遍性德性。这个普遍德性一方面要扬弃人的主观意图,使行为具有道德责任,另一方面还要扬弃人的幸福目的,最终在个体内在形成的就是一种个体善,或者说这个普遍的德性在人的主观内通过“个体善”体现出来,构成“道德”德性的最高认识。

事实上,人作为一个整体性的存在,在个体具有自我意识、意识到自身是一个个体的时候就决定了人的德性行为具有一定的普遍性。个体的德性意识就不仅要意识到自身的感性自然因素,还要意识到外在目的的实现问题、个人幸福问题。德性在个体身上作为一个整体就很好地体现出来。在历史上很多的伦理学家看来,对于德性的理解基本上都持这样的观点,都把德性理解为个体层面的,以此形成一种个体普遍性的德性,以它来促进个人德性的生成和在现实生活中的作用。这是个体德性精神发展到最后形成的观点。但在个体德性精神的内部,如何来理解这种属于人的个体性的德性,践行个体善的内容,就包含着纯粹的个体的努力形成的德性和现实的个体的努力形成的德性两者的结合。

就纯粹的个体的努力形成一种普遍性的德性而言,指的是个体完全依靠自身内在的因素形成的一种德性。这观点无论是在西方的德性精神发展史上,还是在中国的德性精神发展史上都拥有很多的论述。西方从苏格拉底开始,就强调人的个体性和个体的完善性,人的德性的获得是个体经过自身内在的努力而取得的。柏拉图和亚里士多德都同样认为人的德性的获得是个体灵魂的内在努力,具体来说,是人的灵魂的理智部分对人的感性因素的调节而产生的。后来西方的德性论研究者基本上都把德性看作是个体性的东西,或者说是个体自身的努力而获得的,这可以包含基督教的德性观和近年以来一些学者的观点,都把德性看作是个体纯粹内在努力的结果。中国的德性文化中,同样存在着的这样的观点,认为德性也是个体的德性,是个体意识内在努力的结果。中国德性文化中的修身观念就是一个很好的证明。

就现实的个体努力而形成的普遍性的德性而言,指的是个体德性依靠的是个体现实的行为努力而获得,也就是依靠人的现实的意志而获得。这种德性就靠的是人的主体性行动。这种观点是一种个体德性形成的行动性的观点。人是一个能动的实体,人的任何行为的发生都是人行动的结果,属于人的个体德性也不例外。亚里士多德在讨论人的个体德性时,把德性分为理智德性和伦理德性,指出理智德性依教导而生成,伦理德性依习惯而养成。伦理德性就是一种行动的德性,是要依靠人在实践中的锻炼、选择和权衡才可以诞生的。如慷慨的德性就是在实践中比较那些吝啬和浪费的行为时诞生出来的一种德性品质。中世纪的托马斯·阿奎那把德性当成一种习性,认为德性是要在一种经验的行动中才会诞生出来的。当代的麦金泰尔也把德性理解为一种获得性的品质。中国古代的德性论也很注重把德性理解为是在实践行动中获得的，中国文化中的“知”“行”观念就包含着这样的内涵。个体的德性在实践行动中获得一种普遍的品性。

个体德性精神普遍性的形成就包含着纯粹个体内在的努力和实践个体的努力两个方面结合，人作为一个个体，也是一个实体，行为不仅包含着内在的意识成分，还包含着实践的行动成分。这样的个体才是一个真实的个体，由此形成的德性也才是一种真实的德性。人只要依个体德性去行动，其行为就包含着一个普遍性的指向，把个体看作是一个有道德、有德性的个体，行为自身就具有向善性的本性。或者人按照个体德性去行动，行为就是一种善良性的行为，包含着的是一种普遍性的善。个体因而也具有较高的道德素质，社会也依照个体的德性来进行评判。人拥有个体德性或按照个体德性来行动就注定了他的行为是一种普遍性的行为，因为个体德性不仅意识到自身行为的价值性，还意识到自身行为的相关性。个体德性实际上就是一种按照个体意识和个体意志而产生的一种良好道德品性，人依个体德性行为就是一种主体道德的行为和主体道德的判断行为，具有很强的内在主观普遍性。道德德性在最后形成的实际上就是一种内在的个体善或主观善。通过这种个体善对人自身的主观偏好和目的进行一个整体性的调节和判断，形成一种主观内在的德性精神。

因此，这种道德德性精神对于人而言是一种主观普遍的精神，它的意识是一种主观道德的意识，它的意志是一种主观道德的意志。在人身上体现出一种主体性的道德品质和行动中的道德品性，能够在个体自身形成一种普遍性的道德品质、道德意愿和个体善，使人的行为具有道德的价值。但这种道德德性是不是就是属于人的一种最高的德性，德性精神的发展是不是仅仅体现在个体身上和个体主观内？道德德性精神的内在主观普遍性决定了德性精神的发展必然还有客观的层面，个体的实体性本质决定了德性还有更高的实现，道德德性的真正获得，个体德性精神的真正发展只有在这个实体中才有存在的可能和依据。德性精神的发展必然就由道德德性阶段进入伦理德性阶段，以体现德性精神的内在发展本质。

第四节 “伦理”德性

德性的精神形态在经过了自然德性和道德德性的发展后，就必然地进入“伦理”德性的阶段，其基本的原因在于自然德性讲的是人在自然的意义上和在自然意识的影响下产生出来的德性，处于人的德性意识的初级阶段，知道人的德性行为是人的一种自然性行为，内在包含着顺从、遵照和执行的德性品性。随着德性意识的发展就必然会诞生出人内外自然的矛盾性，一方面自然德性要求人顺应自然而产生出一种基本的德性，另一方面德性意识又要求人走出这种自然德性的状态，在自我内形成一种主体意识的德性，意识到德性是我的德性，拥有着实在的个体性特征。而这种个体性的德性成了千百年来许多的哲学家都持有的一个基本的观点，就是德性是属于个体的，是个体意识和个体意志所寻求的东西，也是人的理性需求的东西。内在的基本的依据就是对人的自然因素的克服。个体德性精神的生成和论证当然离不开人的感性自然和对感性自然的扬弃，由此形成一种属于人的普遍德性，以个体的德性意识指导人的所有实践行为。出现的问题却是人的这种个体德性的意识和行为是否具有了人的行为的真正普遍性，德性是否在个体精神的发展上就能体现出一种完美德性。人作为一个现实的人，现实的人的行为必然要涉及他人的关系和伦理实体的问题，道德德性往往是在自身内在的角度来理解德性和建构德性。属于人的真实的德性和真正普遍的德性应该是在现实的伦理关系、伦理制度和伦理实体中。这样人的德性才能成为一种属于人的真正普遍的德性，在内在和外在的层面真正指导人的行为。

“伦理”德性就是德性精神发展到人的实体性时产生出来的德性，或者说是德性精神在伦理意义上体现出来的德性。“伦理就是成为现存世界和自我意识本性的那种自由的概念。”①它是一种自由的理念和一种活着的善，一方面“这活的善在自我意识中具有它的知识和意志，通过自我意

① [德]黑格尔．法哲学原理[M]．范扬，张企泰，译．北京：商务印书馆，1961：164.

识的行动而达到它的现实性;另一方面自我意识在伦理性的存在中具有它的绝对基础和起推动作用的目的”①。伦理就是现存世界和自我意识的合理性所在。伦理就由人的意识和意志的必然性发展而来,成为人的本质和实体。个人与伦理的关系就是,“个人主观地规定为自由的权利,只有在个人属于伦理性的现实时,才能得到实现,因为只有在这种客观性中,个人对自己自由的确信才具有真理性,也只有在伦理中个人才实际上占有他本身的实质和他内在的普遍性”②。属于人的德性又是什么?黑格尔认为“德性就是伦理上的造诣”,或者说德性就是在伦理上的技术精进。伦理德性就是德性精神在伦理中体现出来的一种德性,也是人的一种真实的德性和真正的德性。德性在伦理中的精神发展也必然由伦理的特性表现出来。伦理作为一种现实的自由的理念,它的发展由自然的伦理精神家庭发展到由个人形式的普遍性组成的市民社会,再到真正普遍性的国家制度。德性精神在伦理中的体现必然是在伦理精神发展的这些真实的关系和制度中。

黑格尔认为:“那为实体性的生命所渗透的主体性,就是德。”③即德性就是一种伦理性的人格。“就外在的直接性、某种命运来看,德是一种对于作为非否定物的存在的态度,并因此而是在自己本身内的平静稳定;就实体性的客观性、伦理现实的全体来看,德是信赖、有意为这现实工作和能够为它献身;就与别人关系的偶然性来看,德首先是公正,而后是仁爱的倾向。”④这就从德性的外在、内在和实体的层面讲述了德性的现实表现。德性精神的“伦理”德性形态就可以包含着这样三个逻辑的方面,从低到高依次是关系的德性,制度的德性和实体的德性。由此从以下三个阶段来进行阐述。

① [德]黑格尔. 法哲学原理[M]. 范扬,张企泰,译. 北京:商务印书馆,1961:164.

② [德]黑格尔. 法哲学原理[M]. 范扬,张企泰,译. 北京:商务印书馆,1961:172.

③ [德]黑格尔. 精神哲学——哲学全书·第三部分[M]. 杨祖陶,译. 北京:人民出版社,2006:330.

④ [德]黑格尔. 精神哲学——哲学全书·第三部分[M]. 杨祖陶,译. 北京:人民出版社,2006:330.

一、关系

个体的德性是个体在自身内依靠自身的意识和意志对人的感性偏好、主观偏好进行克服和预期而形成的一种德性，这种德性对于个体自身来说具有一种普遍的性质。因为人身上的自然属性是人存在的基础，人的感性因素始终与人相伴，人超越自然性的影响而成为一个有德性的人，是人作为一个人的内在的基本的要求，也是人实践行为的基本要求。而这种个体德性内在的获得更多的是靠理性的力量，属于人的精神的力量并没有体现出来，这源自个体内在形成的德性从某种程度来说仍然只是一种抽象的德性。它的获得只是依靠单纯的理性力量，面对的矛盾只是人与自然的矛盾，或者说是人与自身感性自然的矛盾，没有涉及与他人和社会的矛盾。可以说个体德性是德性精神发展的最能动的因素，同时也是最单纯的因素，个体德性精神的发展必然是要体现在与他人的关系和社会的实体中。这样，德性精神的发展才具有真正的内容，达到对于自身的真实的认识和获得实在性的内容。

人作为一个现实的存在者，必然时刻都要与他人发生关系，单个人是不可能在自然中和社会中得以存在的。人的伦理道德问题，人的内在德性问题以及一切其他一些更深刻的社会问题都是在人与人之间的矛盾关系中诞生的。黑格尔说真正的德性是在与他人的矛盾关系中诞生的，那些关于人的感性偏好的德性往往是抽象的和没有规定性的。讲的就是德性应在与他人的矛盾关系中诞生，由此形成的德性才具有真正的现实性和规定性，而不是仅仅停留于主观的感性自然层面。事实上，从理论上来说，人是一个有精神、有灵魂的存在者，人的精神、灵魂的拥有是要依靠他人来形成的，德性属于人的精神范畴，必然要依靠与他人的关系才能认识到自身的价值；从实践上来说，人是一个社会的存在者，人的所有行为只有在实践中体现出来才算是真正的行为，属于人的德性只有在实践中、在处理与他人的真实的矛盾关系中才会诞生出来。这是人的所有道德问题产生和形成的一个基本的道理。

他人关系的矛盾问题就成了德性获得和产生的真正依据和源泉，否则人的德性就还没有进入真正的实践领域，或者至少不能够说是一种现实的德性，同时也不能指导人的现实德性行为。与他人关系的矛盾问题，或者说人与人之间关系的矛盾问题就成了德性产生和获得的真正依据。因为德性作为人的德性，是现实的人的德性，不只是一种自我内在的德性，况且自我内在的德性形成也离不开与他人的关系。他人的矛盾关系就是德性超越个体而在现实中获得的基础。而他人的内在矛盾关系依其内在的逻辑来说，可以从这三个方面来进行详细的论述，那就是我与他人的矛盾关系，他人与我的矛盾关系，他人与他人的矛盾关系。由此形成德性的三个内在方面，构成德性的真实内容。

从我与他人关系的矛盾来说，我作为一个独立的个体，他人也作为一个独立的个体，自我和他人天生就包含着一种对象性的矛盾，而人却无法离开这种矛盾。这是人作为一个精神的存在者首先要面对的问题。自我与他人就由这种天然的矛盾性衍生出了诸多的矛盾问题。属于人的德性精神问题就在这种矛盾的关系中诞生出来。我作为一个个体的存在，自我的存在就必然涉及自身的存在问题，自身的存在问题就必然涉及他人的存在问题。人在作为一个个体走出了自然的伦理实体的时候，在自我的意识里就产生出了我的观念和自我的行动，成为一个真正具有自我意识的人。这种自我意识知道自己是一个有意识、有权利和有尊严的存在，它们的实现就不能只靠个人的内在的努力，还需要他人的帮助和认同。人作为一个独立的存在，可以说每个人都有自己的自身目的，这样才能构成个人的独立性所在。“具体的人作为特殊的人本身就是目的；作为各种需要的整体以及自然必然性与任性的混合体来说，他是市民社会的一个原则。但是特殊的人在本质上是同另一些这种特殊性相关的，所以每一个特殊的人都是通过他人的中介，同时也无条件地通过普遍性的形式的中介，而肯定自己并得到满足。”[①]即具体的人必然有着一个自身的目的，这种特殊性必然通过与他人发生关系而获得，或者以他人为中介才能获得。如果不与他人发生关系，自身的目的就不可能得到实现，个人实际上与他人是相互依存的，内在地是通过满足他人，才能够满足自己。

① [德]黑格尔. 法哲学原理[M]. 范扬，张企泰，译. 北京：商务印书馆，1961：197.

在这种满足他人和满足自身的过程中，就必然会涉及人的德性问题。每个人都作为一种个体性的存在，都需要获得现实所需要的东西，而现实性的需要是存在的根本性所在。自我与他人在现实中的矛盾就是，个人的现实的满足不能离开他人而存在和获得，个人所需要做的就是为他人的付出才可以获得自己想要的东西，但自身的任性却又反对这样的行为。这就涉及两个方面的问题，一个是个人为什么需要为他人付出才可以获得现实的东西，一个是个人在何种程度上克服人的感性任性。就第一个问题来说，他人是个人行为的参照物，没有他人的存在，个人只是一个单纯的影子，没有他人的存在，个人是不可能存在的。个人必须要依靠他人才能够获得很好的生活。个人的道德和个人的德性也遵从这样的原理，没有对他人关系的道德和德性问题，就没有个人的道德和德性问题。近代的情感主义伦理学家们就对此进行了详细的论述。卢梭认为："社会道德是个人对他人的道德，是社会的人际关系所要求的道德。"[①]即个人对他人关系的道德构成社会道德的基础，"贯穿与个人道德和社会道德中的一个基本问题是自爱与同情或利己与利他的关系"[②]。自爱和利己属于人的自然性的层面，人的自然性存在决定了人必然具有这样的属性。这种自然性虽然具有一定合理性，但由此会形成一种自私和狭隘的心理、狭隘的自我。只有同情和利他才具有根本的合理性，形成一种社会道德。所以卢梭把道德原则分为了两个层次："一个是最高的层次，即要求人们应当为他人利益和社会利益献身；一个是最低的层次，即要求人们不损害他人利益。"[③]亚当·斯密在《道德情操论》一书的开头就指出："无论人们会认为某人怎样自私，这个人的天赋中总是明显地存在着这样一些本性，这些本性使他关心别人的命运，把别人的幸福看成是自己的事情，虽然他除了看到别人幸福而感到高兴以外，一无所得。这种本性就是怜悯或同情，就是当我们看到或逼真地想象到他人的不幸遭遇时所产生的感情。"[④]即人天生就具有一种利他的同情和怜悯之心，在处理个人与他人

① 唐凯麟. 西方伦理学名著提要[M]. 南昌：江西人民出版社，2000：207.
② 唐凯麟. 西方伦理学名著提要[M]. 南昌：江西人民出版社，2000：211.
③ 唐凯麟. 西方伦理学名著提要[M]. 南昌：江西人民出版社，2000：212.
④ [英]亚当·斯密. 道德情操论[M]. 蒋自强，译. 北京：商务印书馆，1997：5.

关系的问题时，天生就会站在他人的角度，产生出一个德性意识。个人的德性生成直接与这种利他的行为相关，个人的德性必须在对他人的利他行为中获得。就第二个问题而言，人在与他人的交往关系中，个人显然是要克服人的感性冲动的任性行为才能够获得他人的认可，人的德性就是在这种认可的过程中诞生的。黑格尔在市民社会中，把需要、财富和福利当作人的存在目的，而这些东西的获得却只能通过普遍性的方式，即通过为他人和社会付出，也就是要克服自身的那些自然的直接的需要，建立起一种普遍的需要。属于个人的德性行为就必然是克制自身的感性需要以满足他人的普遍需要，最后才获得自己的真实需要满足。这是人的德性在个人与他人的关系的含义，而他人与个人的关系又应该具有相应的内容。

从他人与我的关系来说，或从他人与个人的关系来说，他人与自我同样是相互存在的，没有个人、自我的存在，他人也不会存在。人的德性包含着他人与个人关系的层面，就是他人德性意识、道德行为的建立与个人德性意识、道德行为的建立是紧密联系的。他人是个人行为的对象，个人也同样是他人行为的对象和参照物。他人的德性意识虽然体现在他人的内在和行为的表现中，但他人的道德行为不可能只涉及他人自身的层面，必然也涉及个人自身的层面。现实的情况是，他人的行为似乎只与他人自身相关，由他人来承担行为的一切后果而与个人和自我无关。因此，他人的德性意识和道德行为也是他人自身自愿做出的事情，任何个人都无权干涉。这由此就会诞生出两方面的矛盾，一个是他人的德性意识和道德行为是否就依他人行为而产生，个人无权干涉，也没有影响的因素；另一个是人的德性意识是否只包含他人的角度和为他人的视角而不囊括他人与个人的矛盾、为他为己的矛盾。

第一个矛盾就是他人的德性意识只是由他人的自我意识形成的，与个人、个体的自我意识没有关系，个人也无权进行干预和促进，即他人的德性意识是他人的，个人的德性意识是个人的。历史上一些哲学家就持这样的观点，认为他人只要保持自身的德性意识、注重自身的德性修养，社会就会变得有序，每个人都会做出道德的行为。这就忽视了德性意识的个人视角，他人的德性行为如果没有个人的参与和参照，他人的德性行为就只是一种单纯的行为，也只是停留在他人自身内，就像人的个体德性一样，仅仅依靠人的意识、意志和理性对自身感性本能的克制形成一种内在的主观德性。真实的德性必然要消除这样的矛盾，他人的德性意识和德性行为必然涉及个人的德性意识和德性行为，并且他人的德性意识是要在与个人的矛盾关系中，认识到自身德性的内容。如他人仁慈德性的获得，一方面要克服人自身的一些自然因素，另一方面要对仁慈的对象做出某种道德行为，而这种行为不光是要得到他人自身的认可，还需要得到个人的认可，确实做到了仁慈德性应该具有的同情和怜悯的内在品质。这由此引出了他人德性意识与个人德性意识的第二个矛盾，那就是他人的德性意识是为他的和利他的，不应该包含个人意识的利己层面。功利主义的思想家们就主张人的行为原则就是功利，即最大多数人的最大幸福。“功利主义由于主张‘功利’或‘最大幸福原则’为各种道德生活的根本，认为行为愈能增进幸福就愈正当，愈能产生不幸的效果就愈不正当，断言快乐和痛苦之免除乃是人生的目的，是唯一可欲求的东西。”[①]功利主义的主张就是产生最大多数人的最大幸福、促进他人的幸福，人的德性行为就是促进这一目标的实现。这种德性意识经常会遭到不少哲学家的批判，那就是这种对他人的德性行为忽视了少数人的幸福和个人自身的幸福。功利主义的德性思想就只为实现他人的福利和多数人的福利，忽视个人和少数人的福利，由此形成的德性意识就具有一定的片面性。康德的道德哲学把人的一切都建立在普遍性的命令和原则基础上，按照义务的法则来行动，使行为出于义务而具有道德的价值。德性就是在义务的法则下产生出来的道德力量，德性同样是对于义务法则、普遍命令的遵守而产生出来的，这样人的德性行为具有绝对的道德价值，德性行为因而也具有绝对的利他性。很多对于康德道德哲学的批判就是从这一普遍性的命令开始的，认为其只注重行为的普遍性，忽视人行为的个别性，因而是一只在真空中飞翔的鸽子。人的德性也是一样的，只注重行为的普遍性和利他性，忽视行为的个体性，使得德性意识只是一种单纯抽象的道德意

---

① 唐凯麟. 西方伦理学名著提要[M]. 南昌：江西人民出版社，2000：286.

识。真实的德性意识必然要包含人的个体性内容。

他人与个人关系的矛盾性形成的德性意识，就是他人的德性意识不能仅仅是依靠他人自身的行为，包含着利他性行为，还应包含着个人的德性意识，将他人的德性意识与个人的德性意识结合起来，人的德性意识才是完整的，这也构成了他人与个人关系的德性意识的真正理解。但这也只是涉及了人的德性精神的他人与个人的层面，人的德性形成除了涉及个人与他人、他人与个人的矛盾关系外，还涉及他人与他人的关系层面。个人与他人层面讲的是个人的德性意识的获得离不开与他人的关系，他人与个人的德性意识讲的是他人德性意识的获得离不开个人内在的德性意识，二者相辅相成。而为什么人的德性精神还涉及他人与他人关系的层面？这同样是由人的德性精神来决定的。人的德性精神内在发展包含着个人与他人的真实的矛盾关系，他人与他人的矛盾关系也间接地构成对于人的德性意识、德性精神的影响。

他人与他人的真实关系是他人与他人在现实的交往行为中发生的关系，其中既涉及他人的德性问题，也必然间接地涉及个人的德性问题，最终涉及人的德性问题。他人与他人的现实的真实关系是什么样的关系，就是他人的行为涉及他人的利益问题，双方由此建立起了一定的矛盾关系，行为的判断在他人之间做出，不涉及个人、自我的方面。行为的道德与否完全由他人来进行判断。如他人与他人的真实利益关系，行为的一方要维护利益的正当性，行为的另一方也要维护权益的正当性，每一方都在各自的层面上展示出自己的德性行为，以利于两方矛盾的解决。由他们自身体现出来的个人德性意识往往成为其他人和个体讨论的焦点，现实的人也往往喜欢议论他人的道德行为问题，从他者的角度来讨论他者的道德行为问题。个人的德性意识、人的德性精神必然要受他人与他人之间的道德行为的影响，从他人与他人的现实道德行为中反观自身的德性行为，才能形成一种真正的德性精神品质。

因此，“关系”的德性指的是德性在真实的伦理关系中产生出来的德性，而不是仅仅在个体自身内产生的一种德性。“关系”依人的总体社会关系而言，分为个人与他人的关系、他人与个人的关系、他人与他人的关系。人的现实的德性意识、德性品质必然与这三种关系有关,并发生紧密的联系。而人的现实的“关系”往往是一种矛盾的关系,人的德性是要在这些矛盾的关系中才能真正认识到德性的问题和实质。由个人与他人的矛盾关系认识到人的德性是要在个人与他人的德性意识中获得他人的认同和对德性自身感性自然的调整,由他人与个人的矛盾关系认识到人的德性是要在他人与个人的德性意识中获得德性的为他性和为己性的认识,由他人与他人的矛盾关系认识到人的德性是要在他人与他人的德性意识中获得对于自身的认识,从侧面反思德性自身。人的德性精神必然要在这三重矛盾的人伦关系中才可以认识到自身的真实内容,最终形成一种稳定性的精神品质,指导人的行为并发挥出它的真实价值。但这种“关系”德性的形成是不是已经完成了德性的认识?现实的矛盾关系的发展最后获得的定在表现为一定的规章制度,这样的关系才是真实的关系和稳定的、有效的关系。德性精神的发展也必然要由现实的矛盾关系进展到一种制度领域,以在真实的普遍的制度中体现出德性的内容,使人的德性获得更加普遍性的存在。

二、制度

现实的关系的高级化和固定化就体现在一种制度中,或者说就形成于一种制度中。人的德性在真实的人的关系中产生出真实的人的德性意识和德性行为,指导人行为的价值性和普遍性。但人的这种在现实的伦理关系中诞生的德性意识是不是就是一种完美的德性意识,或者说就是一种普遍性的德性意识,产生出一种普遍性的德性行为?现实的人的各种关系的真正稳定和矛盾的消除必然要处于一定的稳定环境和制度中,这样人的关系才是真实可靠的。人的德性精神不论是在自然德性的角度、个体内在德性的角度,还是伦理关系德性的真实角度,到最后都必然要落实到一定的制度当中。亚里士多德把政治学作为了最高的科学,认为人的德性问题、伦理问题归根到底是要落实到现实的政治生活中的,也就是要落实到政治的制度中,德性才会获得真正的保障。原因在于人天生就是政治的动物，人必然要生活于一定的政治环境和政治制度中。这讲出了人的德性的真实性是要在一定的政治制度中才能得到实现，也就是人的德性最终是要在一种制度中才可以真正获得。中国的传统文化中同样存在着这样的观点，把政治、政治制度看作人行为的基础，人的德性依据和目标都是以社会的政治制度为基础，倡导国家的优先性和大公无私的德性。人的德性精神的发展就由关系德性进入制度德性，以把握德性的真实内容和真正的精神品性。

“制度”德性讲的就是德性在制度中的真正体现，或者说人的德性在制度中的真正体现。现实的伦理关系的定在、人的德性的定在都必然要在一种制度和规章之中，真实的人的关系、人的德性才可以得到很好的体现，这是一个显而易见的事实。现实的人无不生活在一定的伦理制度当中，单纯的无制度的社会就只是一个自然和战争的社会，像霍布斯所说的人与人之间敌对的自然状态就是一种无制度的社会。人正是因为有了制度、规则的保障才脱离了自然的状态，进入文明的时代。一种伦理制度必然是人得以存在的前提，也是人的所有道德问题、德性问题存在的前提，同时也是所有道德问题和德性问题所要追求的东西。人的伦理制度从总体上来说，一个指的是整体上的政治制度，一个指的是内在运行的经济制度，另一个指的是总体上的文化制度。

从政治制度的角度而言，人的德性的获得和生成必须要在一定的政治制度中，或者说德性精神的发展必然要在政治制度中完成。而人的德性为什么要在一定的政治制度中才能真正实现？这主要源自于人是一种社会性的、群居性的动物，人的理性和精神决定了人必然要生活在一种政治制度中，这样人的生存及其道德的问题才会得到基本的保障。古希腊的柏拉图和亚里士多德就对人是要生活于一定的政治制度中，人的德性要在政治制度中真正获得进行了深刻的论述。柏拉图的政治伦理制度或城邦伦理制度就把城邦看作了最重要的东西，以此建立了自己的理想国模型：认为人应该生活在一种城邦制度中才是真实的，人的道德、人的德性也必然要在一定的城邦制度下才可以获得。因为没有城邦制度的存在，城邦中的人的活动就是凌乱的和盲目的，人也不可能在城邦中完成自己的事情,做自己应该做的事情,在人自身体现出一种道德品质。德性的产生更重要的是尽自己所能做自己应该做的事,在自己的岗位上出色地完成自己的工作,由此产生了不同人的不同德性。德性在总体上是要依靠城邦制度才能够存在和生成的,或者说人的德性精神只有在城邦的制度中才会具有真正的定在形式。亚里士多德在继承了柏拉图的政治伦理制度的思想后,从自己的政治学的角度来论述了自己的政治制度思想。在《尼各马可伦理学》中认为:“诚然大家愿意想到它属于最有权威、最高主导意义上的科学。而这样的科学看来就是政治学”[①]。政治学成为最高的科学,伦理学从属于政治学,构成政治学的一部分。而为什么政治学会是最高的科学?因为政治学实际上就是一门最高的实践科学,所要实现的是整个城邦的善。“‘政治学’的核心自然是讨论治国安邦的原则和建制,分析什么是最好的政制,只有对于公民和城邦都是同样‘好’(善)的才是‘政治’的最高目标。因此亚里士多德说‘政治学’规定了通过人的实践所能实现的‘最高善’,伦理学从属于‘政治学’一方面是以这种最高善为目标;另一方面是政治学通过立法者规定了社会生活中的善及其等级,并通过教育使人养成这些善”[②]。政治学以追求人实践的最高的善和普遍的善为目标,以形成良好的政治制度为旨要。政治学就确保了人的伦理道德、人的德性的实现。人必然生活在一种政治制度中,好的政治制度正是政治学存在的意义。人实际上就必然地生活于一定的政治制度中,现实的政治制度是人生活的基础。人在一个好的政治制度中就能很好地实现自己人生的价值,干自己所应当做的事情。亚里士多德的德性论最终是要在政治制度中实现的,政治制度构成了人德性实现的基础。人的德性只有在政治制度中才能得到真正的展现,属于德性的个人善、社会善和城邦善才可以体现出来。

斯多亚学派从人是一个理性的存在者的角度,提出人要生活于一定的政治制度中。原因在于人的理性的这种共同本性决定了人是一种社会性的存在,必然要生活于一种政治制度中。人的现实的存在必然包含着

---

① [古希腊]亚里士多德.尼各马可伦理学[M].邓安庆,译.北京:人民出版社,2010:40.

② [古希腊]亚里士多德.尼各马可伦理学[M].邓安庆,译.北京:人民出版社,2010:42.

公民与城邦的关系。人的德性是人理性作用的结果,在更深刻的角度上,人的理性就是人的德性。人的理性要求人必然生活于一定的政治制度当中,人的德性也必然存在于一定的政治制度当中。人的德性的获得和生成就与现实的政治制度发生着亲密的关系,人的德性的真正实现就必然要在一定的政治制度和政治环境当中。近代的哲学家们虽然处处都强调个人的解放,个人自由平等权利的获得,但他们同样也很注重个人利益与他人利益、社会利益、国家利益的关系问题,并同时认为个人利益与社会利益、他人利益和国家利益是紧密相关的。哲学家斯宾诺莎把自我保存当作了德性存在和诞生的基础,但同时又认为德性并不能就等于自私和利己,人的德性实际上是包含着公共利益和个人利益在内的一种精神品质。人的德性必然涉及人的公共利益和政治制度的问题,人的德性要在政治制度中进行理性的权衡才可以获得。政治制度构成人的德性精神发展的一个基本的保障。

中国传统文化的哲学思想里同样存在着大量的政治伦理内容,人的德性的存在和诞生与政治制度有着紧密的关系。在道家的哲学思想里,虽然主张自然无为,但在关于政治伦理的论述中却包含着深刻的内容。“大道废,有仁义;智慧出,有大伪。六亲不和,有孝慈;国家混乱,有忠臣。”(《道德经》第十八章)从反面讲出了一个良好的政治制度的重要性,人在一种良好的政治制度里,人的一切行为都是美好的,人与人的交往井然有序。在一种不好的政治制度里,人的各种道德问题、德性问题出现,各种道德行为、德性行为的产生同样肯定也是为了寻找良好的政治制度。人的内在德性问题与政治制度是紧密相连的。儒家的政治伦理思想包含着丰富的内容,成为中国传统政治伦理思想的主要经典。人的德性思想的典型表现就是“君子之德”,基本包括仁义礼智信五种德性。而在儒家的政治伦理思想中,或者说在儒家的思想文化中,对一种良好的政治制度的追求是人的行为的最高尚的东西。人的道德行为只有是为了国家、集体利益的努力才是最高尚的。关于人的最高尚的讨论也是关于天下的和国家的。人的德性的真正体现也只有在一个良好的政治制度中。人的所有德性努力是为了建立一个良好的政治制度,政治制度同时也是人的德性践行的实体所在。尽管儒家的政治伦理思想包含着很多王权意识的内涵，但从它的政治伦理思想来说，人的德性必然是要在一定的政治制度中诞生的。政治制度是人的德性诞生的依据，德性精神只有在政治制度中才能真正得到锤炼，成为一种现实的德性品质。

现实的人必然生活于一定的政治环境和政治制度中，这是任何人都无法逃离的现实问题。从历史到今天，人类的存在和发展都离不开一定的政治制度，霍布斯说为了避免人陷入人对人敌对的战争状态，人必然要生活于一定的国家中，也就必然要生活于一定的政治制度中，哪怕这种政治制度是不好的政治制度，这个国家是一个落后的不文明国家，人生活在其中也比没有国家和政治制度好。对于现实的人来说，首先一个基本的规定就是明确其属于哪个国家，政治制度就构成了人存在的基础。没有政治制度的保护，人也就不可能得以很好地存在。人的德性问题同样是这样的道理。人的德性精神并不是仅仅在自身内显现，还必须要在外在的政治制度中显示出来才是真实的存在。德性精神的发展是一种自由精神的发展，必然朝着更现实、更自由的方向发展。人的德性的现实存在和客观存在的依据就是在一种政治制度中，政治制度构成人的德性存在的保障，同时人的德性在政治制度中展示出它真实的德性内容。现实的道德问题和德性问题只有在政治制度中才能得以解决和自由地发挥。人自然地就要生活于一种政治制度中，属于人的德性精神要得到实现和发展也必然要在一定的政治制度中。这样，人的德性精神就在政治制度的整体环境中得以真实的存在，体现在人的德性能够在一定的政治制度中自由的实现，而不是在个体主观内形成一种仅仅单纯且抽象的德性。

人的德性要在一定的政治制度中才得以真正实现，这是从整体的角度而言，而从具体的现实运行机制来说，社会真实的运作和发展在制度的层面依靠的就是经济制度。这就进入了德性精神发展的经济制度方面。经济制度是整个社会经济运行的机制，同时也是一个社会得以前进的动力所在。精神在经济制度中的体现就是动力的因素，或者更实际地来说，就是利益的驱动。人的德性精神在经济制度中的体现就是德性的获得和生成离不开现实的经济制度，并在现实的经济制度中生成。现实的经济制度像政治制度一样是整体性的，只不过政治制度是在国家顶层上的制度设计，经济制度是国家机器在实际运作中的顶层设计。现实的国家必然拥有一定的经济制度，现实的人也必然要生活于一定的经济制度中。这样人的现实的行为才是真实的。人的德性的现实行为关系必然要在一定的经济制度中，经济制度在整体上引导人的实际行为。历史上任何一个国家的存在，都必然有着自己的经济制度来做支撑，没有哪一个国家的存在不具有自己的经济制度的问题，经济制度构成一个国家存在的真实基础。经济制度从哲学上来说，包含着人的劳动制度、社会资源的分配制度和人力资源制度等，也就包含着现实人的利益关系和福利问题。这也是人存在的现实的基础。人的德性的真实性必然涉及经济制度所规定的利益和福利的问题。

人在现实的经济制度中寻找自己的德性问题是人真正现实的体现，也是人的德性精神显现的最现实、也最真实的形态。人得以存在的一个基本的前提就是基本的物质保障问题，生计的谋求成为人的最重要基础，现实的财富、利益的谋求成为人生存的必需。而如何谋求人的生存和价值所需要的物质基础？人首先必然要生存于一定的经济制度之中，经济制度是人获得这些东西的一个基本的保障。现实的人的德性行为就在经济制度所规定的范围内得以真实体现。真正的德性精神就是在经济制度所规定的各种真实的利益纠纷中诞生出来。经济制度在整体上规定了社会经济运行的机制，各部门都具有不同的体制和规则，现实的人必然属于各个现实的单位所有，各个部分拥有着各自的利益，也就拥有着各自的矛盾。这间接地得出了经济制度所规定的人与人之间的矛盾和利益关系。真实的在经济制度中的人必然拥有着不同的利益和利益关系。人一方面必然生活于一定的经济制度中，另一方面又必然陷入人与制度、人与人之间的矛盾和利益关系。人的真实德性精神由此体现出来。

人的德性精神在人与经济制度的矛盾和利益关系中，真实展现则是在一定的经济制度中，经济制度赋予人以真实的存在，最为基本的就是赋予人以物质的获得基础及其获得方式。经济制度对于人在宏观上是一种普遍性的意义，没有经济制度的存在，人的一切存在都是没有根基的，人也就丧失了基本的生存和生活保障。这是经济制度对于人的现实行为的本质性意义。但经济制度本身有一个历史性和时效性的问题,会随着时代历史的变化和现实的经济环境而产生变化。人的德性精神与经济制度的矛盾,就是一方面人的德性需要遵从现实的经济制度的规定,依靠经济制度,人的一切行为才有了真实的保障;另一方面现实的经济制度是否值得人的德性去遵照和执行?好的经济制度值得人的德性去遵从,不好的经济制度不值得人去遵从,人的德性精神又同时促进好的经济制度的诞生。在经济制度下,每个人都追求自己现实的利益和福利性的东西,经济制度就在宏观上规范人的行为,促进人德性的形成。经济制度中的个人在按照经济制度所规定的内容来行事时,又必然涉及个人与个人之间的矛盾,也就是个人的利益和福利的特殊性矛盾。个人在对自身的利益和福利进行关照的情况下,同时还需要对整个经济制度和他人利益、福利有所理解,这样才可以形成自己的真实德性品质。而在对经济制度和他人的利益、福利,自己的利益、福利都进行很好地理解和把握,在整体上形成一种普遍性的认识,由此就产生出了一定的文化制度。人的德性精神也由经济制度的实现进展到文化制度的实现。

文化制度作为一种文化的体系,是对社会中各个行业及其各种矛盾所形成的一种最普遍性的认识。在精神哲学的理解里,就是基于人的一种普遍意义的设计,在人的精神世界里形成一种普遍性的认识。从根本上来说,人因为有了文化才能称其为人,人类社会因为有了文化和文化制度才能称其为人类社会,否则人就会退居为动物,人类社会就会退居为动物世界。人对于文化制度的设计体现着人的本质性需要和特征。文化制度从本质上是人基于人的一种根本性的设计,同时也是对现实的各种问题建立起来的普遍性认识。现实的东西一旦形成一种文化,就是对于现实东西的肯定。文化制度是从整体上建立起来的制度,包含着伦理性的本质内涵。文化制度的宏观性和普遍性决定了人必然要生活于一定的文化制度中,历史上任何现实的国家和民族都有自己的文化制度,这是人类社会发展的现实,同时也是个人成为一个人的需要。从现实的角度而言,个人必然要存在于一种文化制度中,这是人存在的一种现实的需要,任何个人只要诞生就必然属于一定的家庭、民族和文化制度。从个人精神的发展而言,个人精神的成长也必然要在一定的文化制度中,文化制度的普遍性会促使人成为一个真正的人。人的德性精神的诞生和发展就必然需要文化制度的作用,或者说只有在文化制度中,人的德性精神才会真正形成。任何一种文化制度所包含的都是一种普遍性的、肯定性的规定,人的德性形成就只有在一定的文化制度中消除人的自然本性,主观偏好和自身特殊的规定才可以真正获得。这是文化制度赋予人的德性的最高的伦理意义。

“制度”德性所包含的就是伦理制度的德性,从整体上的划分而言,分为政治制度、经济制度和文化制度,三者都依精神发展的普遍性、个别性和普遍性与个别性的统一的特征呈现出来。人在这些伦理制度面前,是作为一种实践性的存在,即人需要在现实的伦理制度中进行实践活动才可以获得真正现实的存在。人的德性精神同样是这样的道理,真实的人的德性必然要在一定的伦理制度中诞生,基本的理由在于人作为一种现实的存在,必然要生活于一定的伦理制度当中,人才是一种真实性的存在,属于人的德性就需要在这些伦理制度中才可以诞生出来。这是对于人的一种真实的存在和需要,也是对于人的德性精神的真实存在和需要。但德性是否在这种伦理制度中就已经发展成为人的一种普遍的精神品质？现实的情况是所有的伦理关系、伦理制度最终都必然属于一定的伦理实体,或者都必然包含在一定的伦理实体之中。人的德性精神的最高的呈现或最真实的显现就是在一定的伦理实体中,体现一种真实的精神本性和精神品质。

三、实体

德性在伦理关系和伦理制度的层面,讲的是德性在个体之间、整体内形成的情况,这的确构成了人的德性精神存在的真实性表现。而现实是这些伦理关系和伦理制度又必然要包含在一定的伦理实体中,人在更高的普遍的层面,必然属于一定的伦理实体,并在一定的伦理实体内进行活动,才是最真实的行为。人的德性最终的精神品质的形成必然是在一定的伦理实体之中,在这里形成的德性就不是人的简单意识里的自然德性、前面说过的道德德性,而是在具有了充分的自我意识和实践意志的情况下在伦理实体中产生出来的德性。伦理实体是什么?黑格尔在《精神现象学》中认为:实体是还没有意识到的本身就是自在自为的精神性的本质东西。以此而言,实体实际上也是自在自为地统一、个别和普遍性统一的真实存在的东西。从精神发展的客观性来说,精神的实体就必然呈现为伦理实体,即个别性与普遍性统一的真实的客观性的东西。在伦理实体与个人的关系而言,“伦理性的东西就是自由,或自在自为地存在的意志,并且表现为客观的东西,必然性的圆圈。这个必然性的圆圈的各个环节就是调整个人生活的那些伦理力量,个人对这些力量的关系乃是偶性对实体的关系,正是在个人中,这些力量才被观念着,而具有显现的形态和现实性”①。即伦理性的东西对于个人有着必然性的存在意义。从客观性而言,“伦理性的实体,它的法律和权力,一方面作为对象,对主体说来都是存在的,而且是独立地存在着,它们是绝对的权威的力量,要比自然界的存在无限巩固。另一方面,伦理性的实体,它的法律和权力,对主体说来,不是一种陌生的东西,相反地,主体的精神证明它们是它所特有的本质”②。即伦理实体就对于人这个主体而言具有了绝对的权威,且是人这个主体精神所特有的本质。

伦理实体在现实的表现上,“伦理性的实体包含着同自己概念合一的自为地存在的自我意识,它是家庭和民族的现实精神”③。家庭和民族就成了伦理实体的现实精神表现,也是人的精神所依托的东西。人的德性的现实精神表现就必然要在这些伦理实体中体现出来,因为伦理实体是人的精神的归宿,现实的人必然要从属于一定的伦理实体,一定的家庭、民族和国家,这是对于人的一个基本的承认,也是对于人的一个最高的肯定。属于人的德性精神就只有在伦理实体中才能得到最高和最完美、最

① [德]黑格尔. 法哲学原理[M]. 范扬,张企泰,译. 北京:商务印书馆,1961:165.

② [德]黑格尔. 法哲学原理[M]. 范扬,张企泰,译. 北京:商务印书馆,1961:165-166.

③ [德]黑格尔. 法哲学原理[M]. 范扬,张企泰,译. 北京:商务印书馆,1961:173.

真实的实现，具体而言，是在一定的民族和国家中得到最真实、最完美的实现。因为人的德性精神的超越性和自由性本质决定了它向着最真实、最有价值的目标前进，以体现出自身的内在发展本质。而具体来说，人的德性精神如何在伦理实体中显现自身，或者说如何在伦理实体中有层次地实现自身，德性内在发展的逻辑层次就由基本的权利义务发展到社会的价值，再到民族的价值和荣誉。

就德性在伦理实体中的权利义务观来说，伦理实体作为一个现实的实体和现实的精神，现实的重要体现就是家庭、民族和国家。现实的基本的社会要求就是一个人享有多少权利就要履行多少义务，人的现实德性必然存在于这样的伦理实体中，受这些基本法则的约束。人的德性的基本要求就是对这些法则的遵从。人的伦理实体中所要具备的基本的德性精神就是遵从这一基本的规则。个人在社会、国家中享有多少权利就要履行多少义务，个人的德性精神就是遵守和维持这一规则在人身上的践行。这是人的德性在现实的伦理实体中的最基本的体现。而为什么人的德性要遵从这一规则，如何遵从这一规则？“个人主观地规定为自由的权利，只有在个人属于伦理性的现实时，才能得到实现，因为只有在这种客观性中，个人对自己自由的确信才具有真理性，也只有在伦理中个人才实际上占有他本身的实质和他内在的普遍性。”[①]即个人自由权利的获得只有在伦理的实体中才会得到真正的实现。人的这一特殊性包含在伦理实体中并在伦理实体中获得，伦理实体对于人的现实的要求就是履行相应的义务，使人的特殊性和普遍性在伦理实体中得到真正的统一。人的德性作为人的一种普遍性就必然要在伦理实体中实现权利义务的对等性。这是人的德性在伦理实体中所需要履行的基本的精神品质，同时人的德性也需要在这种现实的权利义务中真正认识到自身，保持权利和义务在人的现实行为中的平衡性，在权利义务的现实矛盾中认识到人德性的问题和德性的价值。

德性精神对于伦理实体的权利义务的基本遵从和维持的德性只是德性精神的一种基本的、低级的德性。德性在伦理实体中的进一步发展就

---

① [德]黑格尔．法哲学原理[M]．范扬，张企泰，译．北京：商务印书馆，1961：172.

会涉及他人价值和社会价值的问题，伦理实体的基本精神是一种公共性和普遍性的精神，任何生活其中的人都要体现这些特征。伦理实体实际上就成了一种伦理共同体。个人权利的获得、义务的遵守、社会价值的获得都要在这里面才可以实现。人的德性在伦理实体中的发展就会涉及社会价值的问题。伦理实体中的社会价值问题是伦理实体存在的内在问题，伦理实体的维系依靠的就是这些社会价值，每个人都在其中能够找到自己的社会价值。伦理实体成了个人社会价值的纽带。人的德性精神的发展自身也会涉及社会的价值、个人的价值、他人的价值问题，它在现实的伦理实体中才可以真正实现。这样人的德性精神才可以在自身内形成一种真正的利他性认识。伦理实体的社会价值体现着与个人价值的统一，人的德性精神只有在伦理实体中的这种社会价值和个人价值的矛盾关系中才可以认识到自身的社会价值和如何实现自己的价值。而人的德性精神价值的真正体现和最高的体现却只有在一定的国家中。

现实的人必然生活于一个国家中，国家成为人得以存在的一个基本的实体也是最高的实体。现实的人生活于国家中，可以说时刻都在为自己工作和为国家工作，个别的人在为自己努力工作的同时，也在为他人和国家工作，间接地促进国家的发展。这是一个基本的常识性的话题。但个体的人在为自己工作形成的是一种自身技能的完善和自身生活的改善，在德性的层面，形成的只能是一种个体内在的德性，过好自己的生活和完善自己的内在道德品性。社会对于人的认定只能是从个体内在德性的角度来进行评价，这种评价往往各持己见。个体的人在为社会和国家的公共部门进行工作时，他的德性却具有了很大的普遍性，为社会所得到的一种肯定性的一致评价。一向为社会和国家做出巨大贡献的人，社会都会给予一致的高度评价和肯定。人的德性精神在超出了个体内在的层面后，在伦理实体中的最高体现就是在民族和国家中生成一种普遍德性。

古希腊的亚里士多德把政治学看成是最高的科学，政治学讨论就是国家和民族的整体性问题。伦理学隶属于政治学，这从侧面反映出了人的德性问题要在政治学中才可以得到真正地实现，人的最高的德性也只有在政治学中才可以真正体现出来。也就是人的最高德性只有在一定的城邦里，并且在为城邦的贡献里体现出来。亚里士多德对于德性的一个基本的规定，也是古希腊德性思想的一个基本的规定，就是德性是在城邦里做自己应该做的工作、做好自己应该做的工作。他用很多的篇幅来讨论人的德性问题，从勇敢、节制、公平、正义、智慧到慷慨、大方、友爱，而这些德性存在的前提，就是人必然要生活于一定的城邦国家中，这些德性才可以得到真正地实现，且那些为城邦的事务、为城邦的奉献而产生出来的德性是最高尚的德性。在古希腊的德性思想中，包括在亚里士多德的德性思想中，对于勇敢德性的讨论是最多的。在亚里士多德的德性讨论中，勇敢被看作是懦弱和鲁莽的中道品质，但勇敢更多地体现为在战争中的英勇无畏，保卫国家和城邦利益时的英勇行为。这也是古希腊勇敢德性的真谛，为保卫国家和民族利益而成为一种最高德性。中国的传统德性思想中同样存在着这样的观点和论述，“天下”的国家概念向来是很多思想立论的前提，“杀身成仁”“天下为公”“先公后私”的德性观念就深深地体现出德性在国家这种伦理实体中的最高的实现。

而现实的德性精神也只有在客观伦理实体即国家和民族中才能得到最高的实现，许多伟大的德性精神都是在为维护国家和民族的利益中诞生出来。这种德性精神也是人们日常最喜欢称颂的。如中国文化中的“天下兴亡，匹夫有责”“为国捐躯”的德性精神，就是一种现实的最高的德性实现，许多在敌人面前和各种困难面前不怕牺牲和不畏艰难的德性精神品质得到了现实人们永远的称颂和永远的荣誉。它们由此也披上了永久的德性光环。现实的为了国家利益的德性牺牲精神和忘我精神得到的当然是人们的最高颂扬。因此，德性精神只有在国家和民族这个伦理实体中才可以得到最高的实现，这不仅由德性精神自身发展的理念来决定，也可以从现实的崇高德性得到说明。

综上而言，德性作为一种精神，不仅是因为精神哲学的内在规定和德性的内在属性，还因为德性在人身上的发展呈现为三种形态，即“自然”德性形态、“道德”德性形态和“伦理”德性形态。“自然”德性讲的是人作为一种存在，所应具有的一些本然上的德性，在这种德性的形态里，人具有的是一些初步德性意识并按照这些意识行动。“道德”德性讲的是人具有了一种自我的德性意识，行为按照自身的德性动机、德性意图、德性意志来行动，内在扬弃人的感性偏好，促进人善良行为的诞生。“伦理”德性讲的是人的德性的真正实现必然是在一定的伦理关系和伦理实体中。如此形成德性的精神发展形态和德性是一种精神的证成。德性就作为了一种“精神”的理解，而不是一种“理性”的理解。理性主义向来对于德性的理解都是采取对于内在感性偏好的克制和外在规范、利益的遵守来获得，由此形成的也只能是一种对于人而言的片面的德性和一种主观性的善良品性，缺乏的是对于德性的真正意义上的全面把握。德性的“精神”哲学理解是把对人的德性的理解放在了人的整个精神领域，将人的德性在人的意识和意志中完美地呈现出来。它不但内在地扬弃了人的主观感性偏好，还将人的德性在客观的伦理世界里呈现出来，使人的德性在人身上完美地显现出来，形成一种真实的德性。这赋予了德性以新的理解。但在现代的德性理解和运用中，德性已经成为“工具”理性的理解和一种心灵品质的理解，如果仅仅把德性理解为对人的感性本能欲望的克制和行为的一种内在品质，就丧失了德性的基本精神意义和应有的道德品质，这同时也使得现代社会产生了一些较为复杂的伦理道德问题。德性在当下就需要一种精神的理解和救赎。

第四章

现代性德性的“精神”救赎

“现代性”是一个比较复杂的概念，是人们在西方文艺复兴以后逐渐形成的概念，这是很多哲学家都赞同的观点。由此认为“现代性”的产生与西方的文艺复兴和启蒙运动有着千丝万缕的联系。西方的文艺复兴和启蒙运动打破了人与神的关系，从人的主体性来思考人的问题和世界的问题。“现代性”的概念由此兴起。即“现代性是文艺复兴以来人们在理性和主体性的基础上对世界加以认识和改造的思维与方法。它挣脱了传统社会中‘神’和‘不可知力量’的枷锁，把‘人’推向了历史舞台的中央。世界在判断、推理和反思中被人们有序地组织起来，展示着它不同以往的风采”①。现代性总的说来就是自文艺复兴以来在社会中逐渐形成的一种共识性的概念，这标志着人的理性和主体性的张扬。其理性表现在一切行为都依照理性来进行思维、权衡、判断和推理，其主体性表现在人逐渐成了世界的主宰、成了世界的中心。马克思·韦伯提出了“工具理性”和“价值理性”的区分，并认为现代性是工具理性压制了价值理性，或者说是工具理性占据主导的位置。人们的行为方式一切都依照工具理性来行事，要么基于规范、规则，要么基于利益，内在的思维逻辑是“我应该按照什么样的规则、什么样的标准来行事”，完全没有考虑事情自身的价值问题和主体“应当怎样做才是最合理的问题”。

① 郭明. 现代性的祛魅与救赎[J]. 理论月刊，2012(11)：144.

“现代性”的概念可以说既是工具理性的概念，也是一个分裂性的概念。现代性的问题都依理性来进行选择和权衡，缺乏的是一个全方位的主体性思考。在道德领域，人的道德问题和德性问题同样遭受这种礼遇。“现代性问题，从深层次的角度看，就是道德文化的危机，尤其表现为内在德性的危机。其根本原因在于：启蒙运动消解了中世纪的超越性道德源泉，随之而来的道德文化未能提供相应的普遍性价值源泉，甚至阻碍了这种价值源泉的形成。”[①]即现代性的问题就是一个道德文化危机的问题，其根本的原因在于人过度地依靠理性来树立自身的主体性，包括自由、权利和现实的利益关切，没有考虑到人的一些普遍性的道德问题。“现代性的发展、理性主义的盛行、启蒙精神的引领，带来了现代社会的飞速发展，形成了民族国家的政治观念和法的观念，创建了一整套以自由、民主、平等为核心价值理念的权利正义体系。虽然现代性带来了一系列的繁荣和发展，但始终未能确立起现代社会精神的生长点。”[②]即现代性的发展并没有使整个社会带来社会精神的生长。这使得人的德性问题逐渐被理性化和边缘化，理性化的标志就是人的德性行为也要依靠理性来进行现实的选择、判断和权衡，边缘化的标志在于现代人几乎都很少谈论德性的问题，什么都按照规则和规范来行动。而人的德性对于人是至关重要的，可以说人的任何主体性行为都会涉及人的问题。由此就需要德性的精神救赎来挽救当前的德性危机和道德危机。

第一节　现代性德性困境的表征

从现代性的概念和现代性的问题可以看出现代性面临的问题是非常复杂的，不少的现代性困境在现实社会中诞生出来。有学者将现代性的

---

① 杨豹．现代性德性危机中的沉思与探索：西方德性伦理的复兴[J]．哲学分析，2011(4)：80.

② 刘静．现代性道德困境及其解决——一种可能的康德伦理学路径[J]．道德与文明，2012(3)：18.

困境概括为三重困境，一个是主体形而上学困境：现代性的深层困境；一个是资本逻辑困境：现代性的显性困境；另一个是工具理性困境：现代性的隐性困境①。第一个讲的是人类在文艺复兴之后逐步形成了以人为中心的主体思考方式，认为世界不再受到神和外在力量的主宰，而是靠人的主宰，世界的所有问题都是基于人的主体性而产生的。第二个讲的是现代社会的发展靠的是资本的运作，资本追求增值和利益是它的本性，人们的行为方式会受其影响。第三个讲的是现代社会是一个技术理性的社会，什么都可以用科学技术来进行量化和分析。这三个现代性的困境确实切中了现代社会的一个基本的现实。也有学者将现代性的概念概括为这样双重意蕴，即“外在社会结构的现代性与内在文化心理结构的现代性，前者表现为形式化的制度结构，以理性化为原则；后者表现为感性欲望的伸张，以感觉化为主导。现代性问题的实质就是道德文化危机和意义危机”②。也就是现代性包含着外在社会结构和内在心理结构的现代性两个方面，外在社会结构的现代性就是理性地对于各种社会制度的遵从，内在心理结构的现代性就是顺应自己的感性东西。

人在这种现代性的社会里，高扬的是自己的权利、利益和福利问题，并且理性地付诸实践，而不是去产生义务、利他和行为的善良性问题。人的道德、人的德性在这样的社会里必然会遭遇一定的危机和现实的困境。从现代性的制度层面来说，现代社会要求人对各种规章制度理性遵从，以具有基本的德性品质。由此产生的德性困境就是个人对于规章制度的遵守并不等于就是一种德性行为。从现代性的现实层面来说，现代的人都活在社会现实当中，个人基本生存权利和基本感性欲望的满足就是人的现实需要，人由此产生的德性困境就是个人权利和感性欲望的满足在何种程度上是一种德性。从现代性里人的总体行为来说，行为的利他和利己会产生一定的冲突，德性的困境就是如何真正地利己和利他。这也就构成了现代性德性困境的三个方面。

① 贾丽民. 现代性三重困境及其内在逻辑探析[J]. 理论探讨，2011(1)：69-70.

② 李佑新. 现代性的双重意蕴及其实质问题[J]. 南开学报(哲学社会科学版)，2004(1)：74.

一、主体权利的彰显

在现代性的社会里，西方从文艺复兴开始，人类的思想逐渐开始追求解放，同时在这股追求解放的思潮里，属于人的个性化追求也逐渐显现出来，那就是对自身权利的宣扬和关注。不少的哲学家们和思想家们提出了天赋人权的观点，逐渐把人从上帝的怀抱中解放出来，追求现实的尘世的实在权利。把个人的权利和欲望的满足放在了首要的位置，人的一切行为，包括人的道德行为都要建立在这一理解上。近现代很多的哲学家从人性自私的角度论证了这样的观点。

马基雅维利认为人的本性是自私的和利己的，对权力和财富的追求是人的本性基础，主张人的道德行为必然与这一本性有着深刻的联系。斯宾诺莎从人的情感的角度提出人性自私的观点，“在他看来，人的最基本的三种情感痛苦、快乐和欲望都具有自私的性质。人的所有情感都不过是自私本性的派生物。当人的自私本性得到满足时，便会产生快乐及其他肯定的情感；反之，则会产生痛苦及其他否定的情感”[①]。即人自私本性的满足便会产生快乐的肯定情感。人最重要的就是保存自我和自身欲望的满足。“保存自我的努力乃是德性的首先的和唯一的基础。”[②]也就是对于自我本身的保存是德性的基础，德性的存在基础在于保存自我的努力。斯宾诺莎由此得出了自己的三条理性命令，“第一，德性的基础即在于保持自我存在的努力，而一个人的幸福就在于他能够保持其自己的存在；第二，追求德性即以德性为目的。除德性之外，世界不存在更有价值和更有益的东西；第三，凡自杀的人都是心灵薄弱的人，都是被违反他们本性的外因所征服的人”[③]。自我保存和为自我保存的努力就构成了德性存在的基础，这是理性所要求的东西，那些违反自我保存的行为就不是德性的行为，也不是人的理性所要求的。人的理性的要求就是自我保存和个人利益的获得。但斯宾诺莎同时又强调他人利益和社会利益的重要性，自我保存并不是完全的自私自利，而是同时包含着他人的利益和社会

① 宋希仁. 西方伦理思想史[M]. 北京：中国人民大学出版社，2004：170.
② 宋希仁. 西方伦理思想史[M]. 北京：中国人民大学出版社，2004：171.
③ 宋希仁. 西方伦理思想史[M]. 北京：中国人民大学出版社，2004：172.

的利益。人的德性实际上是在寻求自我保存中的个人利益与社会利益的统一，最终获得一种更高的基于个人利益的道德品性。

霍布斯从机械论的角度论证了人的本性问题，认为人是自然的一部分，人的一切都遵循着自然的因果律，行为的发生和消失都是人的情感和欲望在起作用。人的基本欲望大致分为了财富欲、权力欲、知识欲、安全欲和恐惧欲，在这些欲望中最为根本的就是人的权力欲，人对于权力往往是十分向往的，其他的欲望都从属于它。人天生就有一种权力欲的冲动，这决定了人天生就是好争的，天生就是自私的和利己的。而单纯从人是一个自然的存在者来说，每个人都是一个平等的自然存在者，每个人都有追求自己欲望的权利，这导致了人们相互之间的争斗不休。个人在自然的状态下，就是相互为了自身利益的敌对状态，这就是人的客观自然本性问题和客观人性现实问题。自我保护和保存自身就成为人的一个基本的求生法则，也成为人的一切行为的本性使然和原则依据。人的理性的要求就是保护自我和保存自我，在保存自我的过程中产生出一种自然法，而在自然法的原则下产生出人行为的种种德性，如正义、公道和仁慈等德性。人的自然权利也由此产生出来，所谓自然权利就是每个人都有权去做保存自己生命、有利于自己的事。人的德性正是来自人的这种自然权利和自然法的普遍原则。“所谓自然法，就是理性所提出的一种普遍法则，一种道德戒律，用来禁止人去做伤害自己生命的事情，或禁止人放弃保全自己生命的手段，并且命令人去做他所认为最可以保全生命的事情。人类通过自然法使和平，仁慈，感恩报德，服从权威和尊重他人等美德成为产生社会和谐的手段。”①人的德性就在理性地保存自我的生命中诞生，或者在自我欲望、自我权利的满足中诞生。

从此人的现代性德性就与人的自我保护和个人权利结下了不解之缘，法国启蒙思想家们提出了人天生就是自由平等的，人对于自身欲望、自由、平等和权利的追求和满足就成为人一切行为的动机与归宿。人们行为的个人主义色彩逐渐浓厚起来。人的德性也逐渐地充满着个人主义的味道，内在依附的是人的自由权利和自我的欲望问题。“人生而平等、生

① 宋希仁. 西方伦理思想史[M]. 北京：中国人民大学出版社，2004：194.

而自由、生而具有作为人应该享有的权利”慢慢地深入人心，成为现代人们行为和思考的依据和标识。人的德性逐渐充满了这种个人主义的色彩，实际上人的德性的获得也必然要建立在这些基本理论的理解之上。人的德性的获得必然是以满足这些要求为前提的。现代性的人们强调的是个人权利、功利、欲望和愿望的满足，尤其是市场经济体制在社会中运行以后，人们对于自身权利、利益的诉求最为强烈，什么都朝着有利于自身权利和利益的满足方向发展。人的道德和德性沦为了边缘，甚至具有了工具化的属性。在现代的社会中，个人的道德和德性问题似乎已经退居为了行为的手段性，现实的道德实践已经被人们所要追求的权利和现实的利益所掩盖，人行为的目的就是为了追求自身权利的满足和利益的获取。这样，“无论在学术讨论中还是在道德实践中，人们自觉不自觉地将德性视为获取功利的手段，甚至作为资本的一个要素整合到获取增值的运动中。于是，支配外部世界和心灵世界之秩序的不再是康德的理智世界，而是可物化和量化的功利”①。从理论上来说，现代性中的功利主义、契约论、休谟的怀疑主义、实证主义都是对于人类道德基础的一个强大解构和德性工具化的最好证明。功利主义把功利当作人行为的准则和道德的基础，契约论把双方内在的道德品质建立在外在的契约上，休谟提出了“是与应当”的问题，认为由“是”不可能推出“应当”，让事实和价值、事实与道德产生了一条莫大的鸿沟，实证主义把什么都建立在实证的基础上，人的道德就在现实的实证中找不到生存的土壤。而这些理论在现代性的社会演进中一直占据着主流的位置，直到如今依然如是。现实的现代性人们的行为就是按照这些理论来实践的。德性就是在个人权利和利益的满足中得到展现。

现代性的德性困境就由此诞生出来，德性作为人的一种内在的精神品质，一方面需要在个人欲望、个人权利的满足中体现出来，另一方面属于人的德性又不可能完全在这些满足中得到真正呈现，这样，德性就成了人的一种外在性的东西，或成为外在东西的附庸，丧失了自身内在固有的价值。现代性的德性面临的正是这样的德性困境，在追求各种现实的满

---

① 晏辉．现代性与现代道德困境：科学的立场与哲学的视野[J]．学习与探索，2015(8)：34.

足中渴望真正的德性本质，依靠人真正的道德品性来行事。而现代性社会中的人行为的真实具有的依然是把德性当作工具性的理解，把现实的权利和利益看作最重要的行为依据和根本。

二、个人的利益本位

现代性的一个最重要的标志就是个人主义思想的兴起，集体主义、利他主义思想的没落，这不但源自现代社会在时间上的起源，更源自现代社会在思想上的起源。西方社会在经历了古希腊的文明时代后进入了一千多年的黑暗中世纪时期，一切都围绕着个人与上帝的关系在思考着，个人的一切行为都成了上帝的证明，个人的主体性和价值性得不到真实的体现。在文艺复兴后各种思想开始了启蒙，高扬人的个体性和价值性，把人的尊严、自由、权利抬到了很高的位置，其中最重要的就是人生而自由观念的提出。自此以后各种自由主义、个人主义思想开始不断地诞生出来，各种利己主义文化也开始不断地诞生出来。人的道德问题、德性问题就在这种自由主义文化、利己主义文化中推演出来。

早期的文艺复兴思想家们提出了人本主义的思想，人本主义或人道主义顾名思义就是以人为根本，以人的权利、人的价值、人的地位为根本，强调人的权利和价值，否认神的权利、价值和地位，用人权代替神权，用人性、理性代替神性，追求个性自由、个性解放和现实的幸福生活。这样，“人道主义者所赞美的人以及作为自由和个性主体的人，其立足点无疑都是现实中的个人。他们对个人的赞美，主要是针对封建专制主义国家的统治和教会权威的，因而，人道主义思想的道德基础是与国家主义和权威主义相对立的个人主义。在处理个人和国家、社会的关系问题上，人道主义者主张个人是目的，国家、社会只是实现个人目的的手段”[①]。即人道主义者们把个人看作目的，一切都围绕个人的现实权利、现实需要和现实目的来展开。个人主义思想开始逐渐地显露出来，人的道德问题、德性问题开始走向世俗化和平庸化。

① 宋希仁. 西方伦理思想史[M]. 北京：中国人民大学出版社，2004：156.

个人主义和利己主义思想在现代性的社会里逐渐地呈现出来，许多人文主义思想家们都主张个人是目的的思想，把人的个性自由、个体权利和个体发展摆在了最重要的位置。许多的哲学家也开始论证这样的思想观点。人的自私本性和自然本性决定了人必然是以个人为目，且行为的目的是利己的。蒙台涅在其哲学思想里提出把个人当作目的，其他的一切都只是作为这一目的的手段，个人之所以与他人、社会发生关系的目的仍然是个人利己目的的实现。哲学家霍布斯把保存自我的本性当作了人行为的起点，人行为的一切依据都是为了使自我得到保存，人的德性问题也是在这种保存自我的前提中诞生出来的。在西方现代性的一些哲学家的思想里，虽然主张个人主义、利己主义和利他主义的结合，但在自己实质的观点里，却是主张个人主义、利己主义和为其辩护的。哲学家斯宾诺莎主张个人利益和社会利益的一致性，认为这样才符合人的本性需要和德性的要求，但实际上由于人性的自私性，个人之所以要与社会发生关系，还是为了更好地实现自身的利益。哲学家爱尔维修和赫尔巴特就注重人现实的需要，主张个人利益和个人的幸福是人行为的依据。人的德性和道德虽然以公共利益为原则，但在实际上人的德性的获得依靠的依然是人的现实的真实利益和人自身真实的感受性。爱尔维修认为"所谓道德，不仅要求把自爱和他爱联系起来，而且要求把个人利益和公共利益结合起来。爱尔维修并不否认爱他人和追求公共利益的存在及其道德价值，他只是认为所有这一切都建立在自爱感情或身体的感受性之上，是由自爱或身体的感受性决定的"[①]。人的美德的基地就是个人利益及其完善性。霍尔巴特认为人们喜欢美德不过是个人自身的利益要与他人的利益联系在一起，立足点依然是个人的利益。威廉·佩利提出："道德的动机是为了增进一己的快乐和利益，只有自利的意识、对一己快乐和利益的欲求，才为人们提供了德性的最终义务。"[②]人的德性行为就包含着利己和自利的动机。功利主义的思想家们虽然主张最大多数人的最大快乐、幸福和利益，但内在强调的依然是个人的利益和更好地获得自己的个人利益。

① 宋希仁. 西方伦理思想史[M]. 北京：中国人民大学出版社，2004：279.

② 宋希仁. 西方伦理思想史[M]. 北京：中国人民大学出版社，2004：288.

整个现代性的西方社会在文艺复兴之后，在思想的意识和行为的动机里都主张个人的权利和利益，强调个人的本位性和实质性，在德国古典哲学之后，形而上学的思想逐渐遭到人们的批判和遗弃。个人权利的思想、个人主义的思想得到很大的重视，尤其是在市场经济文化和现代科技的大力发展下，人们的思想越来越倾向于个人本位、个人利益的利己主义。人的道德问题、德性问题不再受到内在品性和其他利他主义的影响，而是专注于自己本身的狭隘现实问题。这是整个现代性德性行为的一个现实的表现，即只从个人、利己的层面来理解德性的问题和践行德性的行为。由此导致了现代性德性的困境，那就是德性的利己与利他的矛盾。

现代性的德性注重从个人、利己的层面来理解，这实际上就是把德性边缘化和工具化，没有从本质上和行为的根本上来理解和建构德性的问题。德性本身固然存在着个人的利己层面，但从本质上来说，德性是一种精神品质，它更多地强调利他和他人的层面。德性作为一种内在的精神品质，内在拥有的是一种道德的修养和稳定的心灵秩序，真正德性行为的发生必然天生就具有利他的本性，同时这种利他的本性又促进个人的发展。德性实际上包含着个人与他人、利己与利他的矛盾统一，内在更多地强调他人、利他的行为特性。现代性的德性只注重从个人、利己的层面来进行思考和实践，就忽视了德性内在的本质性。这同时也导致了现代社会深刻的道德危机、伦理危机和德性危机的产生。

三、规则的桎梏

现代社会自从文艺复兴以后，尤其是西方契约主义思想的兴起，人类社会就逐步地跨入了一个制度严密、规则严谨的社会。现代性社会的一种重要的标志就是各种规章制度的建立，大到国家层面的规章制度和法律制度，小到个体层面的各种规则。现代社会的运营基本上都是依靠各种规章制度来进行规定，以构成社会发展的有序性和完备性。从国家的层面上来说，几乎现代的所有国家都要在宏观的层面上建立属于自己的制度，这些制度有从自己本国的实际情况产生出来的制度，也有从别国借鉴产生出来的制度。现代国家对于现代制度的确立是通过法律的普遍性形式来确定的，任何一项国家制度只要在法律上得到了认可，属于国家的人就都必须无条件地遵从，并按照国家制度的要求来为国家服务。这几乎是现代国家制度的一个基本的标志，国家制度通过国家的宪法得到普遍性的表达，个人对于国家制度就拥有基本的遵从义务，个人就应该理性地、自觉地遵守，由此才能构成人行为的合法性，人的行为也才是有价值的行为。人的德性在这种现代国家制度的理解里，就是理性地遵从国家制度的要求才能够形成一种现实的道德品质。而在这种遵从里，个人与国家往往不是一种有机的关系，而是一种机械的组合，个人只有理性地遵守国家制度的要求，一则才能够获得现实的所需要的东西，二则才能够获得自己的现实的德性品质。这种现代性德性思想的理解随着现代时代的发展越演越深，个人与国家之间、与国家制度之间并不是一个伦理有机体，而是建立在某些契约层面上，个人德性的普遍体现就是对于国家制度的理性遵从。

从个体组织的层面来说，现代的社会组织是一个严密的组织，或者说是一个由个体的人组合起来的集体。个人之间关系的建立并不是依靠某种伦理的关系，而是依靠单纯的某种规章制度将个人之间组织起来。现代性社会组织的发展逐渐远离了那种血缘伦理关系和社会伦理关系，直接依靠的是契约性的规章制度来将大家组织起来，只有每个人都按照这些规章制度行事，才能够处理好个人与组织、个人与个人的关系。组织、部门的规章制度就成为个人与组织、个人与个人之间行为的根据。随着现代社会的发展，每个人都必然属于一定的组织和集体，都要依靠一定的组织和集体来获得自己生存所需要的东西及其个人自身的价值实现问题。规则意识已经在现代社会逐渐地发展为一种普遍性的社会意识，由个人与组织之间的规范关系和规则、制度逐渐变成了社会运行的法则。个人的规则意识成为衡量一个人道德指标的重要部分，在这种强大的规则意识里，人的德性、人的道德行为必然要以遵从这些规则为基本的内在指标和要求。在现代的社会里，人的德性的形成和发挥作用必然要以尊重、遵从这些基本的社会规则为前提。个人的德性也只有在这些规则里才会发挥出自己的作用。

在这种制度意识、规则意识逐渐深入社会和人心以后，社会运行的各部门都产生了各自不同的规章制度和规则要求。不同的部门和单位有不同的规章制度，同样地，不同的规章制度对人有不同的要求。个人必然属于一定的部门中，对于部门规章的遵守就成了首要的要求。人的德性行为也在这种对于部门规章的遵守中产生出来，首要的表现就是按照部门规章的要求干自己应该做的事情，理性地克服自身的不满情绪和感性冲动。由此产生一种部门的德性品质，即对于部门规章的理性遵从，获得自己所应得的东西，内在形成一种服从性的道德品质。这样，各部门的职业道德规范逐渐诞生出来，随着现代社会的发展，各部门的职业道德规范规定得越来越细、越来越精确。如在学校的系统里，有教师的职业道德，在具体的分类里，有幼儿教师的职业道德、小学教师的职业道德、中学教师的职业道德、大学教师的职业道德和德性要求；在医院的系统里，有医生的职业道德，在具体的分类里，有外科医生、内科医生的职业道德和品德要求。个人在这些事无巨细的部门规章和职业道德规范的要求里，所应该做的就是遵从和顺从这些规定，形成一种带有理性权衡和判断的道德品质。这样个人才会真正干好自己的事情，以得到他人的认可，内在也才能形成基于部门规则的德性品质。

现代性的这种现实的表现，就是各种制度和规则的建立，一方面在总体上形成一种普遍性的规范，要求人们来进行理性地遵从，内在形成一种基本的德性品质；另一方面在具体的实践里，按照部门的规章来进行活动，并理性地遵从这些规章，形成一种具体工作所需要的德性品质。现代性的最重要的表现就是各种规则制度的不断形成和不断细化，使人们的一切行为都按照这些规章制度来行事。社会运行的制度化和规则化是现代性社会的一个基本的特征，个人生活于现代性的社会里，所要做的就是遵从这些规章制度的规定。属于人的德性品质也不例外，因为人的德性品质来源于人的现实行为，是人在现实的活动中对于自身内外情况的调节而产生出来的。这是现代性社会发展的一个重要的标志：什么都按照契约、制度和规则来行事。从某种程度上来说，人在现代性的社会里成为了各种社会制度、规则运行的工具，丧失了人基本的活动精神。现代性在规则、制度层面的德性困境就是个人对于规章制度的遵从与个人自身的自觉性。个人对规章制度的遵从就是现代社会的人必然生活于一定的社会制度和规则中，人的德性品质只有在对这些规则的理性遵从中才可以诞生出来。个人自身的自觉性和创造性就是人是一个有理性、有精神的存在，可以自觉地遵从规则和不完全为规则的要求所限制。而现代社会的规定却要求人们严格地按照规则办事，并将这种行为称为有道德、有德性的行为，那些不严格按照规则行事的行为会被看作是不具有道德和德性的行为。

基于这样的现代性的规则意识，规范主义逐渐兴起，现代性的规则主义逐渐演变为现代性的规范主义，社会的规则、部门的规则变成了社会的规范和部门的规范。在伦理学的领域，规范伦理在现代的社会得到了广泛的研究，成了伦理学研究的显学。规范伦理学讨论的主要问题就是规则、制度的合理性问题，内在强调的是规范、责任、义务的重要性或首要性。而这正好切合了现代性规则、制度主义的内核。德性伦理却没有得到相应的研究，成了规范伦理的附庸。在现代性的社会里，德性实际上也是在规范伦理的范围内进行讨论，德性成为对规范的遵守而产生的道德品质。随着德性论在现代西方的兴起，规范伦理与德性伦理之争在近些年得到了广泛的讨论，规范伦理讨论的核心就是“我应该如何行为”或者说“我应该如何按照规范去行为”以使行为合乎道德的价值，德性伦理讨论的核心是“我应该成为一个这样的人”或者说“我应该成为具有何种道德品质的人”。规范伦理强调规范的合理性，德性伦理强调个人主体的精神创造性。现代性的德性困境在规则、制度层面的反映，实际上包含在伦理学层面的规范伦理和德性伦理的争论之中。现代性的德性困境一方面要求德性遵从社会的规则和规范以形成一种道德品质，另一方面人的德性又不可能完全按照社会规则的要求来支配自己的行为形成一种主体性的品格。

第二节 现代性德性困境的原因透视

现代性德性困境的以上表现，一方面从理论上说明了现代性的社会已经是一个制度化、规范化、契约化的社会，什么都要按照已有的规定来行事，且行为的内在遵循的是个人自身的利益；另一方面从实践上说明了现代性的社会已经是一个世俗化、利益化、个性化的社会，任何行为考虑的是自身的利益和利己的层面，行为追求的是现实的自我满足，不考虑长远的利益和客观的普遍问题。而在现代性的社会里为什么会产生这样的德性困境？有研究者认为：“现代道德困境在人学意义上所显示的，是人在精神与行为层面的某种剧烈冲突或深层危机。这种困境在现实生活中大体上可归结为两方面，一方面是与人的行为秩序的建构相关的问题；另一方面是与人的心灵秩序的建构相关的问题。”[①]第一个方面表现为道德秩序的紊乱、道德权威的消失、信任危机、道德资源的匮乏和道德力量的薄弱等。第二个方面表现为道德信仰危机、人文精神缺失等。这确实讲出了现代性道德困境的一些现实的理论问题和实践问题。也有研究者认为：“现代性道德困境集中表现为个体自我的祛伦理性和社会组织的祛道德性，其根源在于现代性自我观。现代性自我观的核心特征之一则是祛目的论，试图把道德从外在的训诫变为自我的内在要求，以使自我在道德上获得最大的自由。”[②]这就把现代性的道德困境归咎为现代性的自我观，以外在的规定来使自己获得自我的自由。

这些都从某个层面上讲述了现代性道德困境和德性困境的问题，但从整体上来说，现代性的德性困境不仅有着理论的因素，还有着客观现实层面的因素，既有历史的因素，又拥有政治、经济和文化的因素。从哲学而言，导致现代性德性困境的因素可以概括为，依整个社会的现实而言，

① 寇东亮. 德性重建的自由根基——现代道德困境的人学解读[M]. 郑州：河南人民出版社，2006：28.

② 胡娟. 从自我观看现代性道德困境及其解决路径[J]. 东南大学学报(哲学社会科学版)，2009(4)：25.

表现为物质与精神的断裂；依整个社会的机构运行而言，表现为规范与自主的分离；依整个社会的文化基础而言，表现为实用主义的价值取向。

一、物质与精神的断裂

西方社会从文艺复兴树立人的本位思想开始，人们的思想就从遥远的天国落到人间，从对上帝的崇拜转到对现实的关切。各种权利思想、自由平等的思想开始诞生出来，各种利己主义、个人主义的思想也诞生出来。人们在思想里牢固地树立了人的现实的本位性和利益性，在实践里强调现实的生活和物质利益。人类文明也从此发生了很大的转向。古希腊的哲学思想，以及整个社会的人文思想都包揽万千，各种思想、各种思潮争相存在，中国的春秋战国时期也是各种思想百花齐放的时代。拥有着的是开创性的整体性思想，对人类社会进行各方面的深刻性思考和把握。而西方社会在经过了一千多年的中世纪以后，随着文艺复兴时代的开启，人类的文明逐渐转向世俗化，过于注重现实的个人和实在的物质利益、人本身的一些现实的存在问题。各种权利理论、实用主义理论、功利主义理论、契约主义理论、情感主义理论大量地诞生出来，而这些理论有一个共同的特点，那就是注重个人的本位性和个人的实在性，阐述的理论从本质上来说都包含着人的“物质”性问题。

人本主义思想家们首先举起了反对封建和神学的大旗，树立人的本位思想，“用人性否定神性，用理性代替神启，用人权对抗神权”[①]。逐渐地建立了人的权利理论，肯定人的价值、自由和尊严，极力弘扬人的现实的幸福生活和现实的人生价值。对于人的现实的生活和价值的思考是所有文艺复兴思想家们的一个根本的标志。在文艺复兴思潮兴起后，许多的哲学家们运用理性来对这些问题进行了详细的论证。最为著名的就是运用自然科学和人的自然实体的理论来理解人的现实问题。布鲁诺提出意识存在于物质里，人的意识、精神离开了物质是不可能存在的。笛卡尔提出的一个著名的命题就是“我思故我在”，从理性的角度来检验一切的行

① 宋希仁．西方伦理思想史[M]．北京：中国人民大学出版社，2004：153．

为问题。斯宾诺莎认为人是自然的一部分,自然事物的本性就是保存自我,人理性地首先就要保存自我才能成为一个真实的存在者。这是关于人的所有问题产生的一个前提问题,也是人的道德产生的一个真实的前提。没有人的很好存在,其他的一切都将不会很好的存在。培根从经验论和知识论的角度提出了人的一切知识都来自人对客观世界的感受和体验,强调人的客观的自然反应能力是人的知识和行为的依据,德性获得的最好途径就是习惯。一些自然法的哲学家们也从理性的角度阐述了自己的人本主义思想,认为每一个人保存自我、注重个人的利益是一种理性的要求,人的道德、德性的建立正是建立在这种保存自我、个人利益的基础之上。哲学家们对于人的现实利益和物质的强调通过对个人权利、利益的强调表现出来。

对于现代性的哲学家们和现实的人们来说,物质性的东西,包括人权和利益都是他们立论和行为的基础,对人自身的实在权利和利益的关注成为其典型的特征。人的各种物质性的需要和实在的东西就成为人们行为思考的根本和依据。这是现代性思想的一个基本的标志,人的精神却退居为第二位。在伦理学里一个典型的标志就是功利主义、幸福主义得到了很多的研究和在现实中的人们的很大追捧。亨利·莫尔认为伦理学的使命就是关于幸福和获得幸福的学问,而幸福是什么?最为基本的理解就是一种内在的满足状态。伦理学成为研究幸福的学问,内在包含的就是一种物质主义的理解。功利主义思想家们把对于幸福的追求当作了理论的依据,最为基本的理论标志就是奉行行为的功利原则,那就是最大多数人的最大幸福,任何行为只要能促进大多数人的幸福就是善的。朴素的唯物主义思想家爱尔维修和赫尔巴特认为对利益和幸福的欲求是人的一切行为的真正动力。对物质利益和人的真实的需要是人行为的首要依据。

现代性的社会正是沿着这样的思想历程向前发展着,尤其是市场经济体制在社会中建立以后,社会运行的规则都是按照市场的利益最大化来运行的,人们的行为就更加注重物质的利益,而忽略人的精神性东西。无论是从思想的研究上来看,人本主义思想、人权理论思想都在现代社会得到了最大的研究,研究的一个基础和前提就是人的主体性地位、人的中心主义地位得到了基本的维护,从广义上来说就是关注的是人的物质层面的东西,而非精神层面的东西;还是从人们的现实行为表现来说,现代人行为思考的首要问题就是自身利害问题,有利于自身的行为就会被关注和考虑,不利于自身的行为就不被关注和考虑。由此导致现代社会中出现了一些道德冷漠现象、违背契约现象和信任危机现象。这种对于人的物质层面的过度关注就忽略了人的精神层面的东西,甚至是与人的精神层面产生了断裂,一切都按照人的物质利益来进行思考。现代性的社会可以说是一个物质性的社会,什么都按照现实的利益来进行衡量,导致了各种人文精神的没落。当前各国的很多社会发展的政策都指向的是社会经济、物质利益的发展,并且制定了一些详细的指标,不顾自然环境的污染和社会文化的失衡,这些都是现代社会重物质利益的经典事例。物质和精神的发展并不在同步的水平,很多情况是断裂的,只考虑物质的问题,忽视精神的问题,或者用物质的问题来解释和压制精神的问题。

现代性的德性困境正是在这种重物质轻精神、物质和精神断裂的社会现实中诞生的。人的德性不再具有神圣性的特征,或者说不再是人内在的一种精神品质,指导人的行为进行实践的善良活动,而是沦为了人行为的一种工具性的东西和边缘化的东西,人们不再强调人的德性及其行为的重要性,相反地强调的是人的实在利益、实在权利和实在幸福的重要性,注重欲望的满足和个人利益的实在性,忽视他人利益的实在性。现代性的这种物质和精神的错位和断裂产生了诸多的德性困境,使得德性丧失了基本的精神品性,专注于自身问题的狭隘性和利益性。这也是构成现代社会道德失范的重要原因。

二、规范与自主的分离

现代性的社会在文艺复兴以后,人的各种自由平等和权利的思想开始慢慢地诞生出来,成为人存在的一些基本的要素,人生而自由、生而平等、天赋人权的观念逐渐地深入人心,也逐渐地得到了人的承认和认同。

人逐渐由以前的伦理社会、宗教社会进入一个个体自由、独立的社会，人的天赋权利和平等性决定了人拥有崇高的主体性价值和主体性地位，个人的尊严就逐渐地显现出来。单个人就慢慢地摆脱了社会的伦理力量而自身就具有了很多的权利，并获得了很多的利益。个人与国家就不再是一种实体性的关系，而是个人自由、权利主宰下的国家，个人的权利和财产是神圣不可侵犯的，国家成了保护个人权利、财产和利益的工具。这样个人与国家的关系就演变成了一种契约的关系。契约论在现代性的社会里得以诞生出来，本质上源自人的基本自由权利和独立利益的肯定性。现代性社会在契约论诞生以后，个人与国家的关系就成了一种明显的契约关系，个人不再是国家的个人，国家也不是个人的国家这样的有机关系，而是把个人放在了主要的位置，国家只是由人们放弃了自己的部分权利组织起来的，目的是更好地保护好自身的利益和权利不受侵犯。

卢梭的契约论成了现代社会契约论的一个基本的标识，“契约中包含着公众与个人之间的关系和相互规约。在这种规约中，每个个人都被两种关系制约着：一是个人对主权者的利益关系；二是个人对国家的义务关系”[①]。第一种关系讲的是个人把自身的权利让渡出来，形成个人与主权者的利益关系，个人利益与公共利益的关系；第二种关系讲的是国家是由个人的权利组成的，个人对国家肯定具有一定的义务关系。个人与国家是通过个人权利的让渡而产生出来的，国家保护个人的权利，个人有维护国家的义务，这是个人和国家的基本契约，也是契约论的一个基本精神。随着契约论的深入影响和各个哲学家的深入研究，契约论在社会中逐渐成为一种基本的制度形态，个人逐渐成为一个个人，社会逐渐成为一个社会，组织逐渐成为一个组织，而不是个人与个人、个人与社会、个人与组织的有机联系。人与人之间、人与社会之间、人与组织之间逐渐成了一种独立的东西，他们之间关系的建立就要靠契约来建立。契约已经是现代社会各种基本关系、复杂关系建立的一种基本的形式。

在契约论诞生的同时，实际上现代的规范论也随之诞生了。个人与国家的关系、个人与社会、个人与他人的关系都要靠契约来进行维系，社

① 宋希仁. 西方伦理思想史[M]. 北京：中国人民大学出版社，2004：271.

会的规范就普遍地兴起。现实的每个人都是有权利、有尊严的存在,自身和他人的权利和尊严都要得到同样的维护。基于这样的理解,规范论就诞生出来处理人行为中的诸多问题。在总体上,规范论强调规则的普遍性和人行为的服从性。任何规范只要一建立就需要人们来遵守和维护。现代性的社会由于人的主体性地位得到很大的提高,每个人都是独立的有尊严的个体,个体之间、个体与组织之间如何发生稳定的关系,就靠一定的规范来进行操作。这样才能很好地保护每一个人的权利和利益。现代人的契约意识和规范意识已经根植在了每一个人的心里,不管是个人的行为问题、还是个人与他人的行为关系、个人与组织的行为关系都要靠规范来建立和推动。本质上是基于现代人的理性诉求,更好地保障每一个人的权利和利益。因而规范主义、规则主义在现代性的社会里得到了很大的研究和发展,各种规范伦理、规则伦理广泛地兴起。

规范伦理以规范为人行为为依据,它不但追求规范自身的合理性,还要求个人对于规范的遵守。在二者之间更强调后者的重要性,因为规范伦理内在强调的是规范、义务和责任问题,一旦一个规范诞生出来,行为人并不会去思考规范自身的合理性问题,而是如何在实践中尽到自己的责任和义务以维护规范的整体性和权威性。规范伦理追求的实际上就是一种责任意识或道德责任意识,内在思考的问题是“我应该如何行为”,或者说是我应该如何按照规范来行事。“无论是什么性质的规范伦理学,只要它强调道德规范的他律性,那么它的核心目的,就是要表明人在道德领域内没有绝对的自由,人总是受制于某种外在的必然性,并在这种必然性的前提下来行动。”[①]规范伦理的确强调他律性的重要性,人的行为在规范伦理的视域是要受到规范的必然性所约束的,因而强调规范的普遍性和人行为的责任性。在社会经济和文化的不断发展中,社会的关系也变得越来越复杂,这些复杂关系的处理越来越依靠规范的作用,这样社会机构才可以有序地运转起来,人在这些规范面前就是理性地服从和遵从。这是现代性社会发展一个基本的事实,也是人行为的一个事实。规范伦理

① 愈世伟,白燕. 规范·德性·德行——动态伦理道德体系的实践性研究[M]. 北京:商务印书馆,2009:16-17.

迅速地兴起和大力地研究，相应地，各个部门、各个组织的规范伦理也诞生出来。而在这些现实的规范伦理中，企业伦理、组织伦理和职业伦理得到了很大的重视和很深的研究。

在现代社会中，规范伦理通过各种现实的规范伦理体现出来。职业伦理就是规范伦理视域下的一种主要的伦理范式，现代性讲求的是行业性和专业性，现代的各个行业都产生了一定的规范，各个职业也相应地产生了各个职业的职业伦理规范。职业伦理在现代性的研究里已经是一个非常主要的话题，如今的每一个行业都有一定的职业伦理规范。如国家有公民道德规范，行业有行业伦理规范，再详细一点，有医生职业伦理规范，教师职业伦理规范，会计职业伦理规范，行政人员职业伦理规范，等等。这些职业伦理规范已经成了各个行业的基本规范，也是各个行业的从业人员必须要遵守的东西，否则就会违背职业精神，甚至是触碰法律的底线。个人在这些职业伦理面前就是遵照和执行，简单地说，就是按照各个行业的职业伦理要求来行事，而不做与职业伦理规范相违背的事。企业伦理和组织伦理也在现代性的规范论中得到深刻的研究，同时也体现出现代性社会的现实需要性。因为现代性的人早已走出了自给自足的生活方式，在分工日益复杂的社会中生存，每个现实的人要想获得自己所需要的基本的生活必需品和人生的价值，必然要属于一定的组织、一定的单位和一定的企业，这样人才有了现实的立足之地。个人在这些企业伦理规范和组织伦理规范面前所能做的就是按照这些规范和要求来行动。

现代性的德性困境为什么会产生？其中一个最重要的原因就是现代性的社会太注重规范和规范伦理的重要性，把德性的理解也放在了规范理论的范畴。这也构成了现代社会长期以来的规范伦理和德性伦理之争，其论争的根本在于现代社会的规范主义的整体性和独断性压制了德性的普遍性和能动性。规范伦理太过于强调人的责任和义务的遵从，这也是现代社会运行的一个基本的事实，各行业都严格地按照各行业的规范来行事才会使各行业有序地进行，基本不需要考虑规范的合理性和行为的合理性问题。德性伦理则强调个人行为的价值性和应当性，内在追求的是“我应该成为一个什么样的人”，在各种规范和规则面前不是盲目地去遵从和服从，而是要思考行为本身的合理性和价值性，使行为具有自我的真实价值和实在的价值。现代性德性困境的产生，很大的原因在于现代社会注重德性的规范性，忽视德性的自我性。这导致的就是人们对德性论的忽视，或者把德性看作是对于社会规范、社会整体利益加以遵守的品质，漠视德性自身的自觉性、自我性和能动性，以及依德性而产生的自我精神品质。

三、“实用”的价值取向

现代性的社会在文艺复兴后由于人的欲望、权利、自由得到了很大的彰显，不少的哲学家开始思考世界的前提就不是从自然、上帝、整体出发，而是从现实的人的自由、权利和欲望出发，重点挖掘出人的实在的权利、尊严和利益问题。人们从此开始思考问题的方向就由以前的抽象的形而上的角度转向了人的真实的存在层面，考虑人的真实的自我价值和利益问题。近现代的不少哲学家都对人的实在的利益和权利进行过详细而深刻的阐述和研究。一方面主张人的权利是天赋的，另一方面主张人的欲望的满足和个人利益的获取是天经地义的。文艺复兴思想家们举起理性主义的大旗就是为了论证人的这些问题并使他们得到解放和实现。自然法哲学家们就提出了人的自然权利的概念，认为人的自我利益和自我保存是人最基本的本性，格劳秀斯对于自然权利的理解，“‘各有其所有，各偿其所负’以及‘维护自己生命的安全和获取生活必需品’就是‘自然权利’”[①]。即自然权利就是拥有属于自己的东西，不侵犯、不拖欠别人的东西，最重要的是要维护自己生命的权利和生存的权利。这种权利是天赋的且神圣不可侵犯。霍布斯认为人的自我保存和以自身的利益为前提是人性的根本，也是人的基本权利和人行为的根本。斯宾诺莎认为“人是自然的一部分，自然是人存在的条件、前提和基础，所以，对于人来说，自然具有绝对的先在地位。在某种范围内，人只能受自然的摆布，从而处在必然性的领域；在某种意义上，人却是自然的主人，因而确定人自己的自由

① 宋希仁. 西方伦理思想史[M]. 北京：中国人民大学出版社，2004：188.

状态”[①]。即自然是人的本性所在和人行为的前提，人由于有理性又可以不完全受自然的控制而享有自由，但人对自身权利和利益的追求却是根本的。个人的权利和利益始终是人行为的依据。

个人的这种对于自身权利和利益的追求在哲学上进行的思考和论证，随着近现代社会经济和科学技术的发展，更是得到了实在性的证明。科学技术不断地为人的存在解开了神秘的钥匙，人的自然存在性和各种自然的构成性不断地得到科学的证明，人对于自身的自然性的思考和满足自然性就变得理所当然。人对于自身权利和利益的追求，各种欲望的追求就逐渐地膨胀起来，追求自身最大利益的经济发展模式就诞生出来。西方市场经济理论的诞生在很大的程度上具有了这样的人文精神，或者说西方市场经济理论的诞生是由人的欲望、权利和利益的满足推演出来的。市场经济的基本原则就是利益的最大化和尽可能地获取自身的利益、增加自身的利益，人们行为的依据就是为了获得自身的利益和使自身的利益能够得到最大化的实现。市场经济实际上是一种实用性的经济，它最大限度地满足人的利益需求，人对欲望的需求，使人不但在个人自身利益的层面得到满足，个人的权利也间接地得到了维护。人思考问题的方式越来越朝着利益和事实的层面来进行，人的价值、人的道德却沦为了另外的问题，一方面被理解为人的价值和道德要以维护人的权利和利益为基准，另一方面产生了事实与价值、事实与道德的鸿沟，形成著名的“休谟问题”。第一个方面是现代性的很多哲学家所持有的内在观点，认为人的道德问题应该以人的现实的权利和利益为基础，这样所谈论的道德问题才是现实的问题，才具有现实的价值性。第二个方面是休谟问题，也就是从“是”无法产生和推出“应当”，人不可能从事实的角度来推出价值的问题。可以说休谟的这个问题紧扣了现代性社会的一个核心的问题，人对于自身的利益和权利的追求属于人的本然的东西，只存在着合法与不合法、合理与不合理的问题，不存在不应该的问题。任何一味地获得自身的权利和利益都是合理的，这是人的一个基本的现实问题。但事实

① 唐凯麟. 西方伦理学名著提要[M]. 南昌：江西人民出版社，2000：164.

上“是”的问题必然包含着“应当”的问题，事实必然包含着价值的问题，因为事实是人为的事实，是经过人的思考和劳作诞生出来的，必然包含着人的价值问题。

而现代性的社会正是沿着人的利益和权利的实在性、休谟问题的无解性来进行思考和推理的。这导致了各种经验主义、实验主义和实用主义思想诞生出来。人的行为要围绕人的经验、实验和实用来进行思考才是有价值的。培根就开创了经验主义、实验主义来理解问题的方法，认为“一切比较真实的对于自然的解释，乃是由适当的例证和实验得到的。感觉所决定的只接触到实验，而实验所决定的则接触到自然和事物本身”①。即实验决定了人对事物自身、事情自身的认识和理解。这催生了后来实用主义思想的诞生。实用主义思想的基本精神就是主张实用即真理。皮尔士最先将实用主义的思想提出来，主张用试验、实验的方法来理解和验证人们的观念。一个观念之意义完全在于那观念在人生行为上所发生的效果，凡实验不出效果来的东西，必定不能影响人生的行为。强调实验的效果对人行为的影响和决定作用。随后詹姆士将实用主义思想加以完善，认为“真理要用行动的后果来证实，并要受未来事实的校正。不管什么观念，只要它在实际上有用或具有当时的‘现金价值’，都是真理”②。杜威后来将皮尔士和詹姆士的实用主义思想加以完善和发展，成了美国的实用主义哲学。

实用主义本质上是以个人的行为经验和行为效果为基础的价值哲学。在市场经济和各种高新技术、信息技术日益发展的情况下，市场经济的基本规则就是利益最大化和朝着自身有益的方向发展，技术的发展也是朝着不断更新、不断实用的方向发展。现代性的社会实际上弥漫着一种实用主义的气息。实用主义不仅成为美国的精神，在美国得到了很大的发展，而且它很快地扩展到其他国家，并在社会的经济文化中形成一种“实用”的观念。在现代性的社会里，尤其是在现代的社会里，社会文化中

① 北京大学哲学系，外国哲学史教研室．十六—十八世纪西欧各国哲学[M]．北京：商务印书馆，1958：17.

② 宋希仁．西方伦理思想史[M]．北京：中国人民大学出版社，2004：445.

的实用观念和实用思想是非常强烈的。人行为的依据和行为的结果都要依利益来衡量,利益是决定人们行为发生和效果的重要的依据。实用内在包含着的就是实在的利益性。这种思想观念已深深地映入人们的脑海,且整个现代社会的运行也是靠着这种实用的观念,以实际的经济利益、实际的好处来进行衡量。在人的精神文化里同样是依靠这种实用的观念来行事的。现代人行为的依据就是什么都要依靠理性来进行判断和权衡,看行为是否能产生实在的利益和产生对于自身的实用价值才能够决定是否行动。现代社会的个人主义思想是非常严重的,许多道德冷漠现象的发生内在源自人们这种实在、实用的利益观念,导致对他人遭遇的冷漠。

现代性的社会在个人主观权利和利益的极力主导下,这种实用的观念在社会的发展中一直延续,并在一定程度上成了社会机构运行的思想观念。社会是靠实际的利益推着向前走,但在人的精神领域这种观念是不合理的。社会运行中的这种观念必然深深地影响着人的思想观念,人生活在现实的社会中,这种强大的实用观念必然对人的思想和行为产生深远影响。在现代人的行为处事里,摆在行为的动机里面的就是实际的利益和实际的价值问题,整个社会的发展是这样,个人的行为方式也是这样,这就是现代性社会发展的一个基本的现实。而这种实用的观念是否合理,就像效益和公平的问题一样是很难兼顾的,现实的人往往会选择效益、实际的利益,而不会选择公平、正义。这就使得社会包含着实用和合理的矛盾,行为人也包含着这样的矛盾,并且二者很难兼顾,产生出一条鸿沟。现代人的德性问题必然受到这种思想的影响,如产生只考虑自身的利益、行为的实际利益,不考虑他人的利益和社会的利益,以及整个行为的合理性问题。这一方面凸出了德性的理性工具化特征,另一方面也显示出了德性精神文化的没落。

因此,现代性的德性困境是人在现代性的社会里产生出来的德性问题,是在现代性的社会里产生出来的独特的德性矛盾。西方社会自文艺复兴之后,人的本位思想、主体思想开始发展起来,人的权利和利益得到了空前的彰显,以至于大到社会制度、社会规则的制定,小到个人自身行为的规则都要奠定在这些基础之上。同时还过度地强调理性的作用,导致了现代性的德性困境表现为遵从与自觉、满足与固本、利己与利他的矛盾，而这些矛盾产生的依据在于现代性社会物质与精神的断裂，规范与自我的分离，实用和合理的鸿沟。基于这样的事实，当代的很多哲学家提出了德性复兴的思想，主张复兴传统的德性理论。安斯库姆在1958年的《现代道德哲学》一文中提出了德性伦理复兴的思想，随后德性思想又引起了人们的重视和研究。麦金泰尔就是一个典型的德性伦理思想复兴的哲学家，“毋庸赘言，《追寻美德》的核心论点是，亚里士多德的道德传统，是我们所拥有的关于一个传统其支持者有资格合理地高度确信其认识论与道德资源之最佳范例”①。麦金泰尔的德性伦理复兴指的就是复兴亚里士多德的德性理论。而在这些德性复兴的理论中，“20世纪80年代以来所谓亚里士多德德性论的复兴，并不意味着亚氏理论的原原本本的回归，而是大体上表现为三个不同的变种形式：一是所谓共同体主义式的变形；二是所谓普遍主义的变形；三是所谓明智论的变形。在社会道德生活层面，当代德性论提振社会道德精神的努力是可敬的，但其思路、方式与当代社会的运行规则及价值理念的整合模式的要求偏差甚远，故其所有的尝试都难以逃脱流于空想的命运”②。即亚里士多德德性伦理的当代复兴仍存在着不少的问题，并不能与当前的社会价值观念相融合而产生出一种当代德性，现代性德性的救赎就应该在人的更高的“精神”领域来进行寻求。

第三节　现代性德性的“精神”构建

现代性的德性之所以失落，主要的原因在于在文艺复兴以后人的主体性得到了根本性的提升，人的欲望、权利、利益思想得到了很大的解放

① [美]麦金泰尔．追寻美德：道德理论研究[M]．宋继杰，译．南京：译林出版社，2011：353.

② 甘绍平．当代德性论的命运[J]．中国人民大学学报，2009(3)：80.

和研究。这使得人的主体性东西必须要得到基本的尊重，行为及行为的规范才具有意义和价值。人的德性问题的建立和思考必然需要建立在这一基础上，这导致了规范伦理的普遍兴起，德性伦理的普遍没落，各种权利理论和实用理论也得到大量的研究。德性逐渐被边缘化，沦为规范、权利和利益的附属物而丧失了自己的基本品格。而现代性的德性之所以重要和需要复兴，主要原因在于现代社会精神文化的失落和物质文化的兴起，许许多多复杂的问题指向了人的德性问题，比如各种道德失范的问题，从根本上不是一味地依靠规范就能够解决的，很多的规范解决的只是一些道德底线的问题，具有的是消极的道德价值，而社会更多的是需要一些积极的道德价值和主动的创新精神。德性伦理正是产生这种积极道德的最核心元素。现代的德性如何在现代复杂的社会环境中找回自身，那就需要“精神”的作用。

而现代性的德性如何运用“精神”来找回自身？首先必须要肯定的是德性是一种精神品质和精神气质，这样才能赋予德性的“精神”意义。从总体上来说，现代性的德性之所以会没落和产生困境，根本的原因在于人的主体性的过度解放和理性的强大功用。理性的强大作用是与德性困境产生的最切近的因素，现代性德性困境的摆脱就要在总体上运用“精神”来建构德性，也就是只有实现德性的理性理解向精神理解的转变，才可以在总体的思维方式里走出现实的困境。在德性的内容理解上，现代性的德性往往注重的是单线的思维，把德性简单地理解为一种行为善和在行为规范中恪守的道德品质，导致了现代性的德性、现代德性理解的狭隘性。现代性德性困境的走出就必须要抛弃这样的简单理解，将德性内容进行辩证的理解才可以消除那些现实的德性矛盾。在德性的指向和目的方面，现代的德性太注重人的主体性和个人的利益相关性，忽视了人的实体性，现代德性困境的消除就必须要树立德性的实体归依的思考，如此才能在目标上确定德性的内容和方向。

一、理性向“精神”的转变

西方理性主义的兴起成为现代性的一个重要的特征，这种理性主义的兴起是在经历了漫长的中世纪之后产生出来的。对于理性概念本身的阐述也有别于古希腊对于理性的理解。现代性的理性更多地强调人的实践能力性，注重的是人在实践中的判断、权衡和甄别的能力。对于理性概念的阐述，比较著名的就是笛卡尔，在他看来，理性就是一种判断真假和辨别是非的能力。随后在现代性的理解里，理性就成为一种选择、判断、权衡、辨别和抉择的能力，成了一种通识性的理解。在理论上论证人天生就具有这种理性的能力，并由此来建立一些现代性的理论。在实践中人的理性是人行为的依据，人的任何行为都需要理性的指导和判断行为才具有应用的价值。由此产生了许多伟大的理性主义道德理论，这其中包括笛卡尔、斯宾诺莎、霍布斯、卢梭、康德、费希特、麦金泰尔、罗尔斯等的道德哲学理论。

现代性理性主义德性论的思想就包含在这些现代性的道德哲学思想中，很多的哲学家都把理性当作了德性产生和获得的内在依据，甚至是唯一的依据。因为人的本质就在于有理性的存在，人的德性必然是理性作用的结果。基于理性的现代性的理解，人的德性显然是通过理性的判断、辨别和选择等产生出来的。现代性的德性就带有了很强的主观性和主体性，按照人自身的理性能力来建构德性的理论。由这种对于德性论的理解，就使得德性论自身带有很强的功利性和实用性，沦为了很多外在东西的附庸。个人在一些规范和利益面前往往会选择那种只利于自身的方面，而不会选择不利于自身的方面，这样建立起来的德性理论就是一种片面的德性理论，会产生出许多的德性矛盾和人的现实的矛盾问题。现代性的一个永恒的争议问题就包括了规范论与德性论，效益论与公平论的争论。现代性的德性理论就依这样的理性建立起来，产生出很多无法解决的德性困境。各种道德冷漠的现象在现代性的社会里是层出不穷的，尽管法律做出了一些明确的严苛的规定，但实际中并不能解决道德领域的问题。法律至多规定的是一些道德底线的要求，而“不得侵犯他人”“如何帮助他人”“如何积善行德”等法律、规范都不会有明确的规定。现代性德性的没落就通过这些现象表现出来，德性的理论变相地依从于外在规范的理性要求，做符合规范要求的事，甚至具有了自利的特征。而真正的人的德性绝不能仅仅依靠人的这种现代性的理性去获取，它不仅要涉及行为的主体性方面，还要涉及行为的实体性方面，在人的整个精神领域里来理解德性和建构德性。

“精神”与现代性理性的差别在于，精神是一个整体性的概念，或者说是一个生命性的概念，注重一个概念的生成与发展，而不是像现代性的理性那样只强调选择、判断和权衡。黑格尔在对精神的概念进行阐述时，明确地指出了精神是“知其自身的现实的理念”，也就是精神是一个不但能够认识事物还能将事物实现出来的东西。内在包含着意识和意志两个方面，或者说是知和行两个方面。在精神的意识理解视角里，指的是人的精神能够认识事物，发现其本质的问题；在意志的理解视角里，指的是人的精神能够将所认识到的东西在客观中实现出来，变成精神自身的东西。二者共同决定了精神发展具有一定的阶梯性。在对事物的认识过程中注重的是循序渐进、由低到高的实现过程。“从黑格尔的规定来看，人的精神不是静止不动的，而是一个绝对不静止的东西，精神本身就是一种产生自己、实现自己、认识自己的‘纯粹活动’。”[①]从一种认识形态发展到另一种认识形态，从一个认识环节发展到另一个认识环节。精神树立的是一种整体性的、发展性的和环节性的思考，现代性的理性树立的是一种判断性的、直线式的思考，这导致了现代性主导的理性主义德性论的诸多现实的矛盾。

这些矛盾和困境的消除，就需要现代性的德性理路由理性向精神的转变。精神对于理性而言具有明显的优势。这可以从现实的宏观的层面来进行理解，人是一个精神性的存在者，人的一切东西都是人的精神起作用的结果。这是一个基本的事实问题，精神是人的存在和行为活动的基本的前提和保障。从理论的层面而言，精神是一个整体性的概念，它不仅涉及人的认识、意识和思想的问题，还会涉及人的行为实践问题，并能从内而外、由表及里地认识自身，达到自在自为的统一。现代性的理性所触及的要么是行为的内在方面，要么是行为的外在方面，具体的行为只依某一个方面来行事。现代性的德性就过多地依靠理性的能力体现出来，形

① [德]黑格尔．精神哲学——哲学全书·第三部分[M]．杨祖陶，译．北京：人民出版社，2006：11.

成一种基于内在利益或外在利益的道德品质。而人的德性应该是一个整体性的德性、个体臻于完善的德性，不是仅仅依靠理性从属于哪一方面就能完善的。人的德性也必然是一个整体性的概念，这样，德性就只有在人的精神的视域下才可以得到真正的认识，并呈现出自身的真正内容。现代性的德性困境正是过于依靠理性，严格来说，按照马克思·韦伯的理性分类，该理性属于工具理性的范畴。过于注重人的主体利益、权利和欲望来理解德性的问题，导致了德性的没落和德性文化的个体化、个性化和利己化非常严重，内在缺乏自觉性、利他性和向善性。这是现代性文明的一个共同的问题。德性思想必然受其影响。问题的解决必然是理性向精神的回归，从精神的角度来理解和建立德性的理论，以精神的整体、辩证思维才可以规避现代性的德性困境问题，树立一种德性精神的思考。因此，现代性德性困境的解决必须要在整体的思维方式上由理性向精神转变，这样才能够在人的整个精神领域建立德性的思考，将现代性的物质与精神、利己与利他、规范与自我、实用与合理的问题结合起来构建出德性的真正内容。

二、德性的辩证认识

“精神”是一个自在自为的辩证发展的概念，它对于世界的认知，就是关于人的所有的东西都是精神作用的结果，内在把握世界的依据就是辩证发展的思维方式，将事物完整地呈现出来，成为一件有价值的作品。德性在宏观上属于人的精神领域的范畴，在微观上是人精神起作用的结果。德性无论是从自身的起源上，还是从人的精神的属性里，都可以作为一种精神的理解。德性既然是一种精神，就拥有自身的辩证发展逻辑和生成过程。从精神的意识和理论的层面来说，德性首先意识到与自身最相对立的东西，那就是人自身的自然感性问题，人的自然感性由于包含着很多本能性的东西，几乎完全是一种自然性的本能，就带有很多的任意性和为恶性，如果任由自然本能、自然感性的发展就是纯粹动物性的行为。人的德性最先意识到，也是最先感受到人的这些感性本能的作用性，而这些感性本能也是对于人影响最直接和最深刻的东西，德性的建立必然不是顺着人的自然本能去行动，而是要克制人的本能欲望和自然任性。历史以来的哲学家们都很注重这方面的理解和研究，从古希腊的苏格拉底到现当代的德性理论研究，德性存在和研究的基地就是人的感性欲望和自然本能。人的理性对于这些自然欲望的调节和控制就会产生一种道德品质的行为，进而产生出德性。个人内在的感性欲望的调节和节制成为个体德性的经典理解。这是人的德性意识首先就意识到的东西。但人是一个社会的人、现实的人，个体的德性还必然在社会的伦理关系中、伦理关系的矛盾中才能够得到很好的呈现。这就是精神的实践和意志层面，德性要在实践的矛盾关系中才可以真正获得。而事实上德性的建立也必然要经历这样的过程，真正的德性必然是要在现实的矛盾关系中才能够真正锤炼出来。这就是德性作为精神的辩证性思考。

现代性的德性是在人的个性自由和主体权利得到充分释放的情况下诞生出来的，很多现代性的哲学家们把道德、德性直接建立在了个人利益、个人幸福的基础之上，认为人的德性是为了促进人现实利益的获得和现实幸福的实现。功利主义的思想们实际上就持这样的观点，人的行为的根本就是为了功利，即大多数人的利益和幸福原则，个人的德性行为就是为了这一目标的实现。一方面内在克制自己的感性欲望，另一方面对于功利原则的坚守，形成一种对内克制和对外服从的品质。现代性的德性就往往太强调人的利益和权利，以及规范的权威性，德性行为的思考和其他任何行为的思考是一样的，都朝着现实的个人的利益和权利关切。其中最为典型的就是对于某些规范、规则的遵守而产生出来的一些道德品质，在现代性的德性论里普遍存在着，并成了德性的典型特征。现代性德性的困境也由此产生出来，按照现代性的要求，德性要么是基于个人内在的权利和利益，要么是基于外在的规范、规则而产生出来，这导致了德性论在现代性的社会里深层的没落，仅仅是摆设，完全没有发挥出德性自身的主体性、自我的完善性特征。

现当代的很多哲学家也对现代性的伦理问题进行了很好的揭示，霍克海默和阿多诺就运用启蒙辩证法的思想来对现代性的理论问题进行了一定的阐述，“由于‘启蒙’本身被视为以征服、支配自然为出发点，以理性至上和技术万能为特征，以主体性为核心，以对人与自然的双重统治为宗旨的现代性事业，因此启蒙即是现代性的全部秘密和诞生地，‘理性的万能’、‘科学的万能’代替‘上帝的万能’正是启蒙的根本命运”[①]。现代性启蒙崇尚的就是理性和科技的万能性，注重运用人的主体性来改变自然和建立世界的问题。人的理性和主体性就被抬到了很高的位置，属于人的现实问题运用它们来思考和建构，属于人的价值、伦理道德的问题也运用它们来进行构建。由此导致了规范理论、规范伦理的普遍兴起和德性伦理的普遍没落。而随着现代社会经济和科技的发展，规则和规范的意识被普遍的强化，人的主体性和理性越来越趋向于去遵守规范和建立规范，而不是设计一个完善的个人，这导致了现代社会出现了一些道德冷漠现象，规范伦理要求的是人做好规范规定的事，并没有要求人做规范之外的事，一个现实的健全的人必然需要做规范之外的事，成为一个自我完善的个人。这正是德性理论所提倡的内容，而这方面在现代性的社会里是非常缺乏的。当代的桑德尔和麦金泰尔，尤其是麦金泰尔就运用了共同体主义的理论来批判现代性的伦理问题和德性问题，主张复兴德性理论，尤其是亚里士多德的德性理论来挽救德性的危机。但麦金泰尔对于德性的理解，是基于共同体的利益而产生出来的道德品质，仍存在着一定的局限性，实际上内在还是依靠理性的力量来进行建构。

现代性的德性困境，包括当代的德性困境面临的就是这样的现实问题，德性理论的建构往往过度依靠理性的作用和主体自身的实践利益，要么冷落人的德性，要么将德性沦为了规范和利益的工具，要求人内在地克制自己的感性欲望，以对外在规范遵守，成为一个有德性的人。人作为一个理性的存在者，在现代性的社会中相对于以前而言已经发生了一定的变化，人的这种理性实际上是在利益、权利和一些外在性的东西上来进行思考，更多地强调的是理性的能力方面。这导致了很多的哲学家也把德性理解为一种能力和力量，而忽视了理性的引导性，德性的主体善良性。人从总体上来说，更多的是一种精神的存在者，现代性德性困境的走出必

① 转引自刘经纬，于江霞. 论现代性视野中的德性伦理[J]. 齐鲁学刊，2009(6)：78.

然要从精神的角度来进行理解。人的精神是一个整体性的辩证生成概念,自在自为的发展形态是精神存在的根本。德性在精神哲学的理解下,就不光要内在地扬弃自身的感性因素,让人的感性欲望、感性情感不阻止人的德性的生成,或者让这些感性因素促进德性的诞生,还要将德性在外在的伦理关系和伦理实体中实现出来,成为一种真实的完善的德性。让人一想到德性,一运用德性就能将德性理解为一种精神的完善性,内在包含着诸多的内容和环节。如此就抛弃了现代性德性只注重实在利益、权利的思想,在人的德性的真正意义上来理解德性,将德性进行辩证的思考和建构,就同时将德性的利己与利他、遵从与自觉、个人利益与社会利益有机地统一起来,形成一种德性的精神认识,改变德性没落、道德冷漠的现实和现代性的伦理道德问题。

三、德性的“实体”旨归

现代性可以说就是一种过度理性化的社会,主张个人权利、主体利益的存在性和根本性,其他任何理论问题和实践问题的思考都要沿着这样的思想来进行。现代性德性思想的建立和思考都遵循着这样的理路,导致了现代性的伦理道德、德性产生出了许多的困境。一方面立足于个人利益和个人权利来理解德性问题,另一方面又无法摆脱社会利益、他人权利、自身自由尊严和他人自由尊严的问题。现代性的德性理论从根本上是建立在主体自身的权利和利益的基础上的,强调德性的理性实在性。由此就把德性狭隘地理解为个人的德性,或者说是单个人的德性,关注的是与个人相关的实际问题,使得现代性的德性理论具有浓厚的个人主义色彩,缺乏整体性的理解和实体性的理解,这是现代性德性、当前德性理论的一个最大的现实问题。

现代性德性困境的走出,必然首先就要摒弃这种仅仅包括个人利益、主体权利思想的德性理论,仅仅从现代理性的角度来建立德性的问题。这就需要树立德性的精神性的思考。精神是一个自在自为的辩证发展理念,或者说是知其自身的现实的理念。精神与实体的关系是什么?黑格尔认为：“实体就是还没有意识到其自身的那种自在而又自为地存在着的精神本质。至于既认识到自己即是一个现实的意识同时又将其自身呈现于自己之前〔意识到了其自身〕的那种自在而又自为地存在着的本质，就是精神。”①即实体就是精神的自在自为地存在着的未显示的精神，精神就是能够意识到自身有能将自身实现出来的本质，精神就是实体的实现。根据精神是单一物和普遍物、个别性和普遍性的现实的统一原则，实体实际也是个别性和普遍性统一的东西，只是实体还是处于个别性与普遍性统一的原初状态，或者说是个别性和普遍性统一的未展开状态。精神性的实体的现实表现就是伦理实体。而伦理实体的现实的表现就是家庭、民族和国家。黑格尔对于他们的理解包含在客观精神的论述中。

客观精神是精神在客观的世界中诞生出来的精神，或者说是精神在客观的环境中呈现出来的精神世界。这个精神世界包括家庭、民族和国家的这些实体性的东西。而为什么会是这些东西？黑格尔认为人的意识的发展和意识的呈现必然需要在一定的实体当中，现实的伦理世界实际上包含着人的规律和神的规律。人的规律就是现实的民族和国家，“这种精神可以称之为人的规律，因为它本质上是对其自身有所意识的现实。在普遍性的形式下，它是众所熟知的规律和现成存在的伦常习俗，在个别性的形式下，它是一般的个体对其自身所具有的现实确定性，而就它之为一个单一的个体性对其自身的确定性而言，它乃是政府”②。即人的规律简单而言就是人的现实存在的确定性，表现于外就是伦常习俗、民族特色和国家制度。神的规律是人的意识保持于自身内的东西，维系着一种普遍性的存在，外在的表现就是家庭。而人同时属于这两种规律，因为现实的人必然既是一个家庭成员，又是一个国家的公民。人的现实的存在就是在人的规律和神的规律之间找到自身。个人作为家庭的成员时是要维护家庭的整体利益的，个人作为国家的成员时是要维护国家的利益的。尽管人的精神在两者之间不断地冲突和矛盾，但在这种实体性的关系中，个人与现实实体家庭、民族和国家的关系却是辩证的有机统一。在人的

① [德]黑格尔．精神现象学(下)[M]．贺麟，王玖兴，译．北京：商务印书馆，1979：2.

② [德]黑格尔．精神现象学(下)[M]．贺麟，王玖兴，译．北京：商务印书馆，1979：7.

精神世界里，实体或伦理实体就是人的精神的一个现实的呈现，个人也只有在伦理实体中才是真实存在的。

现代性由于太注重人的个体性的权利和利益，人的每一项行为都必须要从主体的权利和利益来进行理性的思考和判断。现实造就的往往就是一个个独立的个体或者说是单子式的个人。现实的理论研究也往往是依靠这样的观点。各种自由理论、权利理论、功利理论和实用理论得到大量的研究，并在现实的社会发展中起着主要的作用。这由此就会诞生出个人与社会的矛盾问题，个人道德与社会道德的矛盾问题。尼布尔在《道德的人和不道德的社会》一书中阐述了现代性社会里的现实问题，认为“个人道德和社会道德的冲突就是社会需要与良心命令的冲突。这一冲突产生的原因是由于道德生活有两个集中点：一个存在于个人的内在生活中，另一个存在于维持人类社会生活的必要性中。从个人角度看，最高的道德理想是无私；从社会角度看，最高的道德理想是公正。两种道德视野的矛盾虽不是绝对的，但又不是可以轻易调和的”[①]。即在现代性的社会里，个人的道德和社会的道德都拥有着各种的坚守和原则是很难加以调和的现实矛盾。现代性的道德理论和德性理论依然存在着这样的问题，只讲个人的道德和德性问题，很难涉及社会道德、公共道德的问题。现代性的很多理论和现实问题都缺乏一种实体性的思考。

现代性德性困境的走出从现代性的一些理论和实践的现实来看，也从现代德性的研究和实践来看，缺乏的就是对德性理论的实体性思考，或者说精神上的思考。其中理论的研究表现在，现代德性注重理性的内在利益和内在个人品性的修养，实践的表现是现代德性只体现在对某一规范的遵守，形成的是某“一种”道德品质，而并不是一个完整的道德人格和德性品质，这在很多现代的社会现象里经常表现出来。个人在自己的领域是一个有道德、有德性的人，在别的领域和社会的领域却是一个不具有道德和德性的人。这就是缺乏一种实体性思考的典型的现实道德行为的表现。现代性德性的实体上的思考，从根本上来说是一种精神上的整体性的思考，把德性放在实体的角度或者把实体当作德性的归依来理解。

① 唐凯麟. 西方伦理学名著提要[M]. 南昌：江西人民出版社，2000：477.

实体是个别性与普遍性统一的一种有机的状态，现实的精神呈现就是家庭、民族和国家的形态。个人既是一个家庭的成员，又是一个社会和国家的成员，这才是人的一种真实的实体性存在。人的德性理论的思考和德性困境的走出从根本上来说就应该从这一角度来进行理解和建构，才能够真正树立人的精神认识。人作为一种精神的存在，精神的要求对于人必然是一种实体性的要求，因为人的真实存在必然要在一定的伦理实体当中。现代性的德性表现只注重个人自身的利益或者从个人自身的角度来修炼，必然就会陷入个人与他人、个人与社会，乃至个人与国家的矛盾困境，导致一种道德上的利己主义。真实的完善的德性就应该是在现实的伦理关系和伦理实体中诞生出来。这一方面可以表现在德性在自身进行内在的修炼时(克服自身的感性本能等)同时与他人发生矛盾的关系，这样，德性才在自身获得一种真正的认识，形成一种完善的道德品质；另一方面可以表现在德性需要与真实的伦理实体发生矛盾的关系，才能树立一种真实的利他思考和整体观念。这样将人的个体表现和实体表现结合起来，也就是将德性的个别性和普遍性结合起来，现代性的德性困境就会得到很好的解决。

现代德性的这种实体性的思考却远非只是理论问题的解决，它更多的可以体现在对现实的道德行为的关切上。人类社会在现代性的主体意识得到很大的觉醒后，任何行为的思考都离不开人的主体性地位和主体性利益，在科学技术的不断发展下，人的这种意识便变得逐渐强大。现实的人的德性行为往往也打上这样的烙印，只关注主体自身的个体利益，不关注社会、集体和整个伦理实体的利益。个人与家庭、个人与民族和国家的关系似乎也变得非常独立，如个人为他人、社会、国家的奉献和牺牲的精神品质在现代性的社会里变得越来越弱。而事实上个人的德性行为必然需要关切整个社会、整个国家的利益，没有一定社会的良好秩序、国家的和平稳定，个人的一切行为都是不可能得到很好实现的。德性的这种实体性的思考能够很好地纠正现代“个人美德”的理论问题，在实践中树立德性的个体性与普遍性统一的精神性思考。

因此,现代德性的“精神”救赎,是从现代性德性的诸多理论问题和现实问题的角度从“精神”上来进行救赎以促进德性理论的真正回归。人类社会从启蒙运动开始,就将人的重心问题移向了人的主体性权利、个体利益和主体性幸福的思考,并同时将理性大力地发展,现实中运用理性来评判一切理论和现实的问题,也使理性具有工具化的特征。由此建立起来的德性理论就具有了强烈的主体性、个体性特征,把德性理解为一种理性的力量、趋向幸福、利益和遵守规范的品质便成了现代性德性理论的主流。德性理论普遍走向没落,规范理论、规范伦理普遍兴起,而人作为一种精神性的存在,无论是在理论上还是在实践中都需要德性的作用,因为德性是人的一种普遍性的品质,由此产生出了现代性的德性困境。这些困境产生的根本原因在于对德性的过度理性化的理解和主体性的张扬,或者说只从理性的角度来建立人的主体性的道德理论,使得德性具有的是一种遵守、克制、满足主体需要的道德品质,固守在人的主体性的视角里,丧失了人的德性的真正精神品质和德性行为的真正理论意义和实践价值。而挽救和走出这种现代性的德性困境,就是德性的“精神”救赎,即从“精神”的角度来理解德性和建构德性,树立德性理论的辩证思考和实体性思考。辩证的思考表现在德性理论的辩证生成,既要内在扬弃人的感性因素,又同时要在外在的行为中诞生出来,或者说在外在的环境中实现出来,做到德性理论的内在辩证结合,形成一种扬弃人的感性因素在实践的矛盾关系中产生出来的精神品质。实体性的思考体现在德性理论上,就是应该具有实体性的视角,并在现实的伦理实体中真正实现出来。达到个人与他人、利他和利己结合起来的真正的精神品质。这不仅能够从理论上解决现代德性理论的一些矛盾问题,还能够从实践中解决一些现实的困境问题。使得人对于德性的理解不再局限于“个人的道德品质”观点,而是将个人与他人、个人与社会、个人与国家结合起来获得一种真实的德性精神品质。

结语　德性的“精神”守望

德性作为一种“精神”气质的研究是建立在德性的理性研究的基础上的，传统的理性主义德性论把德性的获得、生成说成是理性起作用的结果，从西方哲学而言，主要包括了义务论、目的论、规范论、整体主义和实用主义五大理论的阐述。它们内在的优点就是从自身理论的角度讲述了人的德性内容，使人能够很快地明白和掌握德性的基本含义和基本要求，缺点在于都只从自身理论的角度讲述德性的问题，导致了德性内容的不统一和德性自由的缺乏。德性的“精神”研究就是打破了传统理性主义德性论研究的方式，从精神哲学的角度来理解和建构德性的内容，本质上把德性理解为一种精神。

德性的“精神”如何超越“理性”的理解，就体现在精神一方面是一个整体性的概念，不但能够认识自身，还能够将自身实现出来，呈现出从低到高的逻辑发展形态；另一方面精神在客观世界里呈现为伦理道德的问题，将伦理、道德、德性作为人在现实中体现出来的东西，依靠自身在现实中的矛盾关系而产生出来。德性的“精神”气质正是在“精神”的这一理解下来建立自己的内容。在内涵上，德性不仅要扬弃自身的感性欲望和主观偏好，还必须要在现实的伦理关系、伦理环境中呈现出来，形成一种内外统一的精神品质。以此自身呈现出来的发展形态就是自然德性、道德德性和伦理德性，形成了关于德性的一种系统性的认识。超越于理性主义德性论要么是理性对于内在感性偏好的克服、要么是理性对于规范、整体利益的遵从而产生出来的道德品质。让人一旦理解德性或运用德性，就不是简单的理性的理解，而是把德性理解为一种整体性的精神品质，内在扬弃感性偏好、外在超越伦理关系和伦理实体的矛盾。在整体上打破了传统理性主义德性论和现代性德性论的理解，树立德性精神研究的新思考，以建立对于德性论研究的新领域。由此，本文研究的重大挑战就是对理性主义德性论进行批判，寻找德性的精神理解，凸出德性精神气质的重大理论价值和现实意义。而在现实中，我们应该如何来守望精神，就需要进行以下几方面的思考。

一、人如何是一个精神的存在者

传统的西方社会，包括现代的中国社会都把人看作是一个理性的存在者，尤其是在西方社会，理性是人成为人的一大标志，从古希腊的苏格拉底到当代的麦金泰尔和罗尔斯都持这样的观点。中国的现代社会也把理性看作是人存在的基础。而理性为什么会有如此大的影响？一方面从人性角度而言，理性具有一种向善的本性；另一方面从实践的角度而言，理性是一种判断、权衡、选择和调节的能力，其既能够调节人的身心问题，也能够解决人的实践问题。理性主义于是得到了众多哲学家的青睐，同时也构成人们日常行为的依据。但从历史和现实来看，理性往往涉及的是人行为的目的、依据、自身内在的品性和实践的行为守则问题，基本不涉及人的情感等一些非理性因素，很多的感性因素、非理性因素成了理性批判和超越的对象。

人究竟是什么？理性主义者们又会得出这样的结论，那就是人是一个有限的理性存在者，是一个集理性和感性为一体的存在者，只不过理性成为人的本质，感性成为批判和克制的对象。无法规避的问题在于人的感性是否只具有否定的属性，不具有道德和行为的合理价值。情感主义和直觉主义思想家们得出了人的情感和直觉同样具有良好的道德属性这一结论，有力地反驳了人仅仅是一个理性的存在者的论断。而事实上，在人身上不仅包含着感性的因素、同时也包含着理性的因素，感性和理性都在人的行为中发挥着各自的作用和价值。人的欲望、情感、意识、意志、理性都包含在人的这个整体性的存在者身上。人的行为就是它们综合起作用的结果，任何单一的行动都是片面的。这就是一种精神的理解。人的精神不仅包含着人的感性欲望、情感，还包含着人的意识、意志和理性。黑格尔说精神是知其自身现实的理念，讲出了精神内在的主观性和行动的客观性内容。人的任何行为应该是人综合因素的结果，也就是人精神作用的结果。在对事物的认识过程中扬弃人的感性因素、主观因素，发挥它们的积极作用，在实践中进行辩证的把握，才能获得对于事物的真正认识。那些在现实中运用精神来进行整体性的思考，并运用精神来呈现事物的行动，往往会使事情获得良好的效果。由此人是一个精神的存在者，而非理性的存在者。

二、德性的精神如何超越理性的藩篱

德性的理性理解如上所说，是把人看作一个理性的存在者，理性内在包含着一种善的指向，外在包含着判断、抉择和调节的能力。人自身存在的复杂性和行为的复杂性决定了理性主义者们对于人行为的不同认识，由此得出了历史上不同流派的理性主义伦理学思想，也得出了不同的理性主义德性理论。如亚里士多德把理性分为了理论理性和实践理性，德性也分为了理智德性和伦理德性，伦理德性的获得就是实践理性进行的中道抉择，由此形成一种中道品质。康德把德性理解为理性地遵从义务的法则而产生出来的一种道德力量。德性的理性主义往往因人内在的不同层面和外在行为的多样性而得出不同的德性结论，产生一些现实的德性矛盾。

德性的精神理解，把人看作是一个精神的存在者，精神是一个整体性的概念，内在的否定、矛盾、分裂和统一是其固有的特征，德性的精神生成和获得就不是一个简单的过程，像理性主义那样仅仅依人的某个内在方面和外在的因素就获得一种德性，指向人的某一个特征和行为的某一个领域。德性的精神理解就抛弃了德性的这种理性主义的理解，将人的内在因素和外在行动的因素结合起来，形成一种整体性的精神品质。具体而言，在人对于德性的认识过程中，首先面对人的内在感性因素，精神的理解是扬弃它们的作用，内在形成一种稳定性的道德品质，在行为的过程中，不断地发生与他人的矛盾关系，最终获得德性的认识，形成一种集人的内在因素和外在因素为一体的精神品质。德性的获得就是一个辩证的生成过程，超越于理性主义德性论直接式的理解。在现实中使人们一想到德性、一运用德性就不再局限于某一观点、某一行业的理解，而是把德性理解为一种普遍性的精神品质，赋予人的德性行为以普遍的意义。

三、德性的“精神”命运

德性的“精神”气质的选题一方面是根据传统德性论存在着精神和理性的理解,另一方面是根据黑格尔精神哲学的内容及其包含的德性思想。德性的精神理解的一个突出的特征就是对于精神概念的把握,根据黑格尔对于精神的阐述,精神是知自己本身的现实的理念,内在包含着自在自为、个别性与普遍性统一和辩证发展的特征,自身对于事物的呈现和事物的认识有一个从低到高的辩证逻辑发展过程。德性在精神哲学下的理解,就是内在扬弃人的感性因素、主观偏好,在外在的伦理关系、伦理环境和伦理实体中进行锤炼,形成一种内外统一的普遍性的精神品质。

这种对于德性的理解无论是从历史的德性思想来说,还是从现当代的德性研究而言都具有独立思考的意义。从理论的角度而言,抛弃了传统德性研究的理性主义、情感主义等方式,树立了精神辩证思维的思考。从实践的角度而言,摒弃了传统理性主义德性研究的感性对立性、行为方式的直接性和情感主义德性论的先天情感直觉。从总体上将德性的理性主义、情感主义等结合起来进行整体性的精神把握。也许有学者会质疑这样的德性理解和思考方式,但人的精神对于人却是非常重要的东西,人的任何行为都离不开精神的作用,黑格尔的精神哲学清楚地讲述了精神的内涵,运用精神来理解德性对人而言同样拥有着非常重要的意义。

而就现实而言,当前社会的工具理性化现象比较严重,价值理性在一些行为中并没有得到很好的彰显,时常把规则、有用、对规则和有用的坚守当作至关重要的东西。这固然是很重要的,但存在的缺点就是没有把人当作真正的主体来看,同时也没有充分发挥主体的能动价值,这在一定程度上导致了德性被边缘化和德性危机的诞生。德性作为一种“精神”气质的理解,就是把人看作一个有精神的存在者,从整个精神的角度来理解和建构德性的内容,树立对人的整个人格的思考,在自身中形成一种辩证的普遍精神品质。这就赋予了德性研究的新思路,推进当前德性伦理的新研究和一些现实伦理问题、社会问题的解决。

参考文献

(一)中文著作

1. [宋]朱熹. 四书集注[M]. 王浩,整理. 南京:凤凰出版社,2008.

2. [明]王守仁. 王阳明全集[M]. 吴光等编校. 上海:上海古籍出版社,1992.

3. [德]黑格尔. 法哲学原理[M]. 范扬,张企泰,译. 北京:商务印书馆,1961.

4. [德]黑格尔. 精神现象学(上)[M]. 贺麟,王玖兴,译. 北京:商务印书馆,1979.

5. [德]黑格尔. 精神现象学(下)[M]. 贺麟,王玖兴,译. 北京:商务印书馆,1979.

6. [德]黑格尔. 小逻辑[M]. 贺麟,译. 上海:上海人民出版社,2009.

7. [德]黑格尔. 历史哲学[M]. 王造时,译. 北京:商务印书馆,1963.

8. [德]黑格尔. 哲学科学全书纲要[M]. 薛华,译. 北京:北京大学出版社,2000.

9. [德]黑格尔. 精神哲学——哲学全书·第三部分[M]. 杨祖陶,译. 北京:人民出版社,2006.

10. [德]黑格尔. 哲学史讲演录 第一卷[M]. 北京:商务印书馆,1959.

11. [德]黑格尔. 哲学史讲演录 第二卷[M]. 北京:商务印书馆,1960.

12. [德]黑格尔. 哲学史讲演录 第三卷[M]. 贺麟,王太庆,译. 北京:商务印书馆,1959.

13. [德]黑格尔. 哲学史讲演录 第四卷[M]. 贺麟,王太庆,译. 北京:商务印书馆,1978.

14. 杨祖陶. 康德黑格尔哲学研究[M]. 武汉:武汉大学出版社,2001.

15. 陈也奔. 黑格尔与古希腊哲学家[M]. 哈尔滨:黑龙江人民出版社,2006.

16. [加拿大]查尔斯·泰勒. 黑格尔[M]. 张国清,朱进东,译. 南京:译林出版社,2009.

17. 樊浩. 道德形而上学体系的精神哲学基础[M]. 北京:中国社会科学出版社,2006.

18. 樊浩. 伦理精神的价值生态[M]. 北京:中国社会科学出版社,2001.

19. 樊浩. 中国伦理精神的历史建构[M]. 南京:江苏人民出版社,1992.

20. 樊浩. 中国大众意识形态报告[M]. 北京:中国社会科学出版社,2012.

21. 樊浩. 中国伦理道德报告[M]. 北京:中国社会科学出版社,2012.

22. 杨国荣. 伦理与存在——道德哲学研究[M]. 上海:上海人民出版社,2002.

23. 江畅. 德性论[M]. 北京:人民出版社,2011.

24. 陈根法. 德性论[M]. 上海:上海人民出版社,2004.

25. 寇东亮. 德性重建的自由根基——现代道德困境的人学解读[M]. 郑州:河南人民出版社,2006.

26. 俞世伟,白燕. 规范·德性·德行——动态伦理道德体系的实践性研究[M]. 北京:商务印书馆,2009.

27. [美]麦金泰尔. 德性之后[M]. 龚群,译. 北京:中国社会科学出版社,1995.

28. [美]约翰·罗尔斯. 正义论[M]. 何怀宏等,译. 北京:中国社会科学出版社,1988.

29. [英]罗素. 西方哲学史[M]. 张作成,编译. 北京:北京出版社,2007.

30. [英]G.E.摩尔. 伦理学原理[M]. 北京:商务印书馆,2017.

31. [美]纳什. 德性的探询——关于品德教育的道德对话[M]. 李菲,译. 北京:教育科学出版社,2007.

32. [英]亚当·斯密. 道德情操论[M]. 益群,宏峰,译. 北京:中国致公出版社,2008.

33. [英]休谟. 人性论(下册)[M]. 关文运，译. 北京：商务印书馆，1980.

34. [英]约翰·穆勒. 功利主义[M]. 徐大建，译. 上海：上海人民出版社，2008.

35. [德]于尔根·哈贝马斯. 后形而上学思想[M]. 曹卫东，付德根，译. 南京：译林出版社，2001.

36. [德]哈贝马斯. 在事实与规范之间[M]. 童世骏，译. 北京：三联书店，2003.

37. [德]马克思·舍勒. 伦理学中的形式主义与质料的价值伦理学[M]. 倪梁康，译. 北京：商务印书馆，2011.

38. [德]马克斯·韦伯. 新教伦理与资本主义精神[M]. 黄晓京，彭强，译. 成都：四川人民出版社，1986.

39. [德]叔本华. 伦理学的两个基本问题[M]. 任立，孟庆时，译. 北京：商务印书馆，1996.

40. [德]康德. 实践理性批判[M]. 邓晓芒，译. 北京：人民出版社，2003.

41. [德]康德. 道德形而上学原理[M]. 苗力田，译. 上海：上海人民出版社，2012.

42. [德]伊曼努尔·康德. 实用人类学[M]. 邓晓芒，译. 上海：上海人民出版社，2005.

43. [德]康德. 康德著作全集第6卷[M]. 李秋零，译. 北京：中国人民大学出版社，2007.

44. [美]维斯. 洞穴中的德性——柏拉图《美诺》中的道德探究[M]. 郭振华，译. 上海：华东师范大学出版社，2014.

45. [古希腊]亚里士多德. 尼各马可伦理学[M]. 苗力田，译. 北京：中国人民大学出版社，2003.

46. [古希腊]柏拉图. 理想国[M]. 黄智慧，编译. 北京：民主与建设出版社，2018.

47. 万俊人. 现代西方伦理学史[M]. 北京：中国人民大学出版社，2011.

48. [美]阿拉斯代尔·麦金泰尔. 伦理学简史[M]. 龚群，译. 北京：商务印书馆，2003.

49. 任丑. 黑格尔的伦理有机体思想[M]. 重庆：重庆出版社，2007.

50. 邓晓芒. 思辨的张力——黑格尔辩证法新探[M]. 北京：商务印书馆，2008.

51. 邓晓芒. 邓晓芒讲黑格尔[M]. 北京：北京大学出版社，2006.

52. 甘绍平. 人权伦理学[M]. 北京：中国发展出版社，2009.

53. 唐凯麟. 西方伦理学名著提要[M]. 南昌：江西人民出版社，2000.

54. [美]乔恩·埃尔斯特. 社会黏合剂：社会秩序的研究[M]. 高鹏程，译. 北京：中国人民大学出版社，2009.

55. 赵修义. 现代西方哲学纲要[M]. 上海：华东师范大学出版社，1986.

56. 宋希仁. 西方伦理思想史[M]. 北京：中国人民大学出版社，2004.

57. 马克思·韦伯. 经济与社会（上卷）[M]. 林荣远，译. 北京：商务印书馆，1997.

58. [英]布劳德. 五种伦理学理论[M]. 田永胜，译. 北京：中国社会科学出版社，2002.

59. 江畅. 西方德性思想史（古代卷）[M]. 北京：人民出版社，2016.

60. 苗力田主编. 古希腊哲学[M]. 北京：中国人民大学出版社，1989.

61. 北京大学哲学系，外国哲学史教研室. 十六—十八世纪西欧各国哲学[M]. 北京：商务印书馆，1958.

（二）中文期刊

1. 樊浩.《论语》伦理道德思想的精神哲学诠释[J]. 中国社会科学，2013（3）：125–140.

2. 樊浩. 道德形而上学体系的精神哲学形态[J]. 天津社会科学，2006（6）：45–52.

3. 樊浩. 论中华民族的传统美德[J]. 江苏社会科学，1994（4）：133–139.

4. 樊浩. 道德哲学体系中的个体、集体与实体[J]. 道德与文明,2006(3):16-20.

5. 樊浩. 伦理的实体与不道德的个体[J]. 学术月刊,2006(5):55-61.

6. 樊浩. “实践理性”与“伦理精神”——基于黑格尔道德形而上学理论资源的研究[J]. 哲学研究,2005(4):104-110.

7. 樊浩. 当代伦理精神的生态合理性[J]. 中国社会科学, 2001(1):24-34.

8. 樊浩. 德—法整合的法哲学原理[J]. 东南大学学报(哲学社会科学版), 2002(3):83-89.

9. 樊浩. 和解:“精神科学”的当代形态[J]. 学术月刊, 2011(11):23-29.

10. 樊浩. 伦理,如何“与‘我们’同在”? [J]. 天津社会科学,2013(5):4-20.

11. 樊浩. 伦理道德现代转型的文化轨迹及其精神图像[J]. 哲学研究,2015(1):106-114.

12. 樊浩. 伦理实体的诸形态及其内在的伦理——道德悖论[J]. 中国人民大学学报,2006(6):107-115.

13. 邓晓芒. 康德和黑格尔的自由观比较[J]. 社会科学战线, 2005(3):21-29.

14. 邓晓芒. 黑格尔《精神现象学》中的自我意识溯源[J]. 哲学研究,2011(8):70-76.

15. 邓晓芒. 关于黑格尔《精神现象学》的几个问题[J]. 中国高校社会科学,2013(2):39-54.

16. 杨祖陶. 黑格尔逻辑学中的主体性[J]. 哲学研究,1988(7):25-34.

17. 张凇纶,张盾. 从个人原则到社会原则:“道德政治”谱系中的黑格尔[J]. 哲学研究,2013(4):95-103.

18. 王天成,程宇驰. 黑格尔自由观的基本路径[J]. 社会科学战线,2012(9):1-6.

19. 谭培文. 社会主义自由的张力与限制[J]. 中国社会科学，2014(6)：24-47.

20. 夏莹. 黑格尔“精神”概念的构造方式及其社会内核——基于青年马克思哲学视域的考察[J]. 清华大学学报（哲学社会科学版），2013(4)：79-85.

21. 景中强. 精神生产：人性的张扬与超越——对德国古典哲学精神生产理论的历史分析[J]. 河南社会科学，2004(2)：34-39.

22. 张盾. 精神自我发展历程的辩证法——黑格尔历史原理的“隐微教诲”[J]. 天津社会科学，2008(3)：20-26.

23. 杨国荣. 道德系统中的德性[J]. 中国社会科学，2000(3)：85-97.

24. 甘绍平. 道德概念的两重涵义[J]. 伦理学研究，2013(5)：23-32.

25. 甘绍平. 当代德性论的命运[J]. 中国人民大学学报，2009(3)：80-88.

26. 甘绍平. 道德：在规则与德性之间[J]. 思想战线，2015(1)：130-135.

27. 甘绍平. 道德规范起源的再思考[J]. 哲学动态，2011(7)：5-15.

28. 甘绍平. 什么是应用伦理学[J]. 自然辩证法研究，2004(8)：4-6.

29. 任丑. 应用德性论及其价值基准[J]. 哲学研究，2011(4)：108-114.

30. 任丑. 义务论还是德性论？——走出“康德伦理学是义务论”的误区[J]. 理论与现代化，2008(4)：29-34.

31. 任丑. 传统德性论的困境及其出路[J]. 云南民族大学学报（哲学社会科学版），2011(3)：78-81.

32. 张传有. 中西德性伦理学比较研究[J]. 思想战线，2011(2)：59-63.

33. 万俊人. 美德伦理的现代意义——以麦金泰尔的美德理论为中心[J]. 社会科学战线，2008(5)：225-235.

34. 万俊人. 关于美德伦理学研究的几个理论问题[J]. 道德与文明，2008(3)：17-26.

35. 廖申白. 德性的“主体性”与“普遍性”——基于孔子和亚里士多德的观点的一种探讨[J]. 中国人民大学学报，2011(6)：105-114.

36. 江畅. 论德性的项目及其类型[J]. 哲学研究,2011(5):77–83.

37. 江畅. 德性论与伦理学[J]. 道德与文明,2010(4):8–15.

38. 江畅. 论德性修养及其与德性教育的关系[J]. 道德与文明,2012(5):104–110.

39. 江畅. 西方古典德性思想的特点及其价值[J]. 伦理学研究,2013(4):9–15.

40. 叶秀山. "在""自由者"之间——黑格尔"对立之统一与和谐"思想再思考[J]. 江苏行政学院学报,2006(1):5–13.

41. 张汝伦. 什么是"自然"[J]. 哲学研究,2011(4):83–93.

42. 方红庆. 从恶性循环到德性循环——索萨与认知循环问题[J]. 自然辩证法通讯,2014(5):26–33.

43. 陈来.《论语》的德行伦理体系[J]. 清华大学学报(哲学社会科学版), 2011(1):127–145.

44. 晏辉. 从德性之美到城邦之善——论两种善的逻辑及其通约关系[J]. 学术研究,2012(1):12–22.

45. 须大为. "是—应当"问题与现代道德哲学——对安斯库姆《现代道德哲学》的一种解读[J]. 道德与文明,2014(5):141–145.

46. 毕文胜. 辩护、知识与德性——当代西方德性知识论辩护原则及问题[J]. 哲学动态,2013(6):49–54.

47. 邱戈. 从对话伦理理想传播的德性——哈贝马斯、阿佩尔和巴赫金对话思想的比较思考[J]. 浙江大学学报(人文社会科学版), 2011(1):63–71.

48. 萧延中. 德性:群族禀赋的精神象征[J]. 社会科学杂志,2007(4):160–169.

49. 崔宜明. 德性论与规范论[J]. 华东师范大学学报(哲学社会科学版), 2002(3):95–99.

50. 周浩翔. 德性与秩序——从康德哲学看儒家伦理的两种构成[J]. 道德与文明,2012(2):151–155.

51. E. 索萨，郑伟平，曹剑波．德性知识论：品质与能力[J]. 世界哲学，2014(5)：5-20.

52. 陈泽环．多元视角中的德性伦理学[J]. 道德与文明，2008(3)：32-36.

53. 萨·巴特尔．关于德性与德行的一种思考[J]. 北京师范大学学报(社会科学版)，2007(5)：96-101.

54. [美]A. W. 伍德，李金鑫．黑格尔对道德的批判[J]. 世界哲学，2013(3)：71-83.

55. 杨国荣．良知与德性[J]. 哲学研究，1996(8)：62-70.

56. 米建国．两种德性知识论：知识的本质、价值与怀疑论[J]. 世界哲学，2014(5)：21-32.

57. 邓名瑛，吴建国．陆九渊德性修养思想研究[J]. 道德与文明，2014(2)：42-46.

58. 陈嘉映．伦理学有什么用？[J]. 世界哲学，2014(5)：145-151.

59. 林剑．论不德、道德、美德的区分与判别[J]. 江汉论坛，2001(6)：87-91.

60. 詹世友．美德的本质及美德伦理学的学科特征[J]. 江西社会科学，2007(7)：50-54.

61. 詹世友．论精神空间[J]. 人文杂志，2002(3)：26-33.

62. [新西兰]拉蒙·达斯．美德伦理学和正确的行动[J]. 新华文摘，2004(14)：120-122.

63. 曹刚．论张载的“德性所知”[J]. 湖南师范大学社会科学学报，1992(4)：61-64.

64. 李明辉．儒家、康德与德行伦理学[J]. 哲学研究，2012(10)：111-117.

65. 袁祖社．文化的伦理本质与现代德性生活的价值真理：公共生活中“诚”与“真”品质的回归[J]. 北京大学学报(哲学社会科学版)，2011(4)：37-46.

66. 曾广乐. 信仰与德性——再论宗教信仰与道德的关系问题[J]. 东南学术，2010(4)：126-134.

67. 俞吾金. 黑格尔精神认识论初探——重读《精神现象学》和《精神哲学》有感[J]. 北京大学学报(哲学社会科学版)，2010(5)：27-31.

68. 俞吾金. 幸福三论[J]. 上海师范大学学报(哲学社会科学版)，2013(2)：5-12.

69. 陈红兵，张子礼. 以德性论为核心研究佛教生态哲学[J]. 哲学研究，2013(7)：115-121.

70. 林子赛，郑祥福. 亚当·弗格森道德基本法则及其适用性评析[J]. 哲学动态，2013(9)：60-64.

71. 葛四友. 正义真是一种补救性德性吗？[J]. 世界哲学，2013(1)：77-85.

72. 张铃. 自由、德性和正义：工程伦理的三重维度[J]. 哲学研究，2013(9)：116-121.

73. 卢风. 现代人为什么不重视美德[J]. 道德与文明，2010(2)：30-34.

74. 高国希. 德性的结构[J]. 道德与文明，2008(3)：37-42.

75. 赵红梅. 从规范到德性：伦理学的回归[J]. 伦理学研究，2010(6)：30-32.

76. 庞俊来. 精神次序与德性阶梯——中西互释中的黑格尔《精神现象学》研究新探[J]. 云南社会科学，2013(3)：45-50.

77. 李杨，许诺. 德性、德性伦理和德性精神刍议[J]. 东南大学学报(哲学社会科学版)，2010(2)：22-26.

78. 杨伟涛. 伦理和道德的辩证考略——基于黑格尔精神资源的探究[J]. 同济大学学报(社会科学版)，2008(3)：1-7.

79. 龚群. 德性伦理与现代社会：回应德性伦理的现代困境论[J]. 哲学动态，2009(5)：40-45.

80. 顾肃. 社群主义德性观[J]. 道德与文明，2010(3)：17-21.

81. 李薇薇. 论哈贝马斯对道德与伦理的区分[J]. 道德与文明，2010(6)：144-147.

82. 姚小平. Logos与“道”——中西古代语言哲学观同异谈[J]. 外语教学与研究,1992(1):34-45.

83. 祁晓杰,王天成. 黑格尔自然哲学及其评价角度[J]. 人文杂志,2013(5):13-20.

84. 杨建华. 理性的困境与理性精神的重塑[J]. 浙江社会科学,2014(1):104-111.

85. 胡友峰. 论康德自然概念的三个层次[J]. 文艺理论研究,2014(6):14-23.

86. 贺麟. 黑格尔自然哲学的发展观[J]. 甘肃社会科学,1984(5):21-28.

87. 杨豹. 现代性德性危机中的沉思与探索:西方德性伦理的复兴[J]. 哲学分析,2011(4):79-90.

88. 郭明. 现代性的祛魅与救赎[J]. 理论月刊,2012(11):144-147.

89. 刘静. 现代性道德困境及其解决——一种可能的康德伦理学路径[J]. 道德与文明,2012(3):18-22.

90. 贾丽民. 现代性三重困境及其内在逻辑探析[J]. 理论探讨,2011(1):69-71.

91. 李佑新. 现代性的双重意蕴及其实质问题[J]. 南开学报(哲学社会科学版),2004(1):74-80.

92. 晏辉. 现代性与现代道德困境:科学的立场与哲学的视野[J]. 学习与探索,2015(8):29-35.

93. 胡娟. 从自我观看现代性道德困境及其解决路径——以麦金太尔道德哲学思想为学术资源的研究[J]. 东南大学学报(哲学社会科学版),2009(4):25-28.

94. 刘经纬,于江霞. 论现代性视野中的德性伦理[J]. 齐鲁学刊,2009(6):78-81.

(三)中文博士论文

1. 丁三东. 论黑格尔的自由谱系——对《法哲学原理》的一种解释[D]. 武汉:武汉大学,2005.

2. 黎良华.美德的统一性问题研究[D]. 长沙:中南大学,2012.

3. 赵永刚.美德伦理学:作为一种道德类型的独立性[D]. 长沙:中南大学,2010.

4. 胡祎赟.西方德性伦理传统批判[D]. 长沙:中南大学,2008.

5. 付静.古罗马妇女美德:男性意识形态和妇女的应对(约公元前2世纪至公元2世纪)[D]. 上海:复旦大学,2009.

(四)英文文献

1. Allen W. Wood. Hegel's Ethical Thought [M]. Cambridge University Press, 1990.

2. Goldstein J. D. Hegel's Idea of the Good Life: From Virtue to Freedom, Early Writings and Mature Political Philosophy[M]. Springer, 2005.

3. Zagzebski L. T. Virtues of the mind: An Inquiry into the Nature of Virtue and the Ethical Foundations of Knowledge[M]. Cambridge University Press, 1996.

4. Taylor C. Hegel[M]. Cambridge University Press, 1975.

5. Solomon R. C. In the Spirit of Hegel[M]. Oxford University Press, 1985.

6. Quante M. Hegel's Concept of Action[M].Cambridge University Press, 2007.

7. Dworkin R. The Theory and Practice of Equality[M].Harvard University Press, 2002.

8. Maclntyre, Alasdair C. Dependent rational animals: why human beings need the virtues[M]. Open Court, 1999.

9. Foot P. Virtues and Vices: and Other Essays in Moral Philosophy[M]. Oxford University Press, 2002.

10. Peterson C, Seligman M. Character strengths and virtues: A Handbook and Classification[M]. Oxford University Press, 2004.

后 记

本书是在我博士论文的基础上修改完善而成的，其中有诸多的纰漏，理论分析、意识不到和表达不清晰的地方，敬请各位前辈、专家和读者朋友批评指正。

自2010年跨专业考取伦理学专业的硕士开始，哲学的高深理论和浩如烟海的哲学家著作时常萦绕在我脑海，在这漫无边际的思想里，我应该怎样学习、怎样去找寻我的研究领域和问题？经过了两年多的哲学知识的刻苦弥补和学习，我终于找到了自己研究的方向和领域，那就是德性论。在硕士阶段初次尝试着写作康德的德性论思想。我在2013年考取东南大学的博士以后，同样的一个问题是我如何去找到我研究的方向和领域，在很多忙碌的时间里踌躇与焦虑，始终一无所获。直到听取老师的课程，阅读到黑格尔的精神哲学著作，包括《精神现象学》《法哲学原理》《精神哲学》《小逻辑》《自然哲学》，突然发现黑格尔精神哲学的独到之处。在老师的帮助下，我尝试着从精神哲学的视角来重新理解德性论的问题，竟惊奇地发现德性作为一种精神理解的逻辑深意。遂决定写作《德性的"精神"气质》作为自己的博士论文。

当此隆冬时节，正值蜡梅飘香之际，此博士论文得以修改、补充、完善和出版，首先要由衷地感谢我的博士生导师樊和平教授，在此书的选题、提纲拟定、写作和修改的过程中，先生都付出了不少的心血，同时还以睿智的眼光、开阔的眼界指导了本书研究的相关问题。在此书进一步的修改和完善过程中,我还要感谢我的硕士生导师任丑教授提供的宝贵意见,使得此书在某些内容方面得以完善。其次感谢西南大学政治与公共管理学院提供出版经费资助,尤其感谢吴江院长的大力支持。

再次感谢为此书得以顺利写作完成的东南大学的各位老师,包括田海平教授、徐嘉教授、王珏教授,和解决疑问的董群教授、陈爱华教授和许建良教授。特别致谢与自己相处相知的各位博士生同学,各种思想的交流和辩论是此书得以完善的推动力量。同时感谢各位亲人对我这么多年求学的包容与付出。最后在此书的出版过程中,感谢西南师范大学出版社段小佳老师、于诗琦老师的耐心指导和帮助。

古语言:“天行健,君子以自强不息”。此书的撰写和出版,必将成为我学术生涯中的宝贵财富。

黎松

2019年12月22日于西南大学绩镛楼